I0397101

Victor Cherbuliez

La Peinture
à l'exposition
universelle

Essai

Le code de la propriété intellectuelle du 1er juillet 1992 interdit en effet expressément la photocopie à usage collectif sans autorisation des ayants droit. Or, cette pratique s'est généralisée dans les établissements d'enseignement supérieur, provoquant une baisse brutale des achats de livres et de revues, au point que la possibilité même pour les auteurs de créer des œuvres nouvelles et de les faire éditer correctement est aujourd'hui menacée. En application de la loi du 11 mars 1957, il est interdit de reproduire intégralement ou partiellement le présent ouvrage, sur quelque support que ce soir, sans autorisation de l'Éditeur ou du Centre Français d'Exploitation du Droit de Copie , 20, rue Grands Augustins, 75006 Paris.

ISBN : 978-1545582619

10 9 8 7 6 5 4 3 2 1

Victor Cherbuliez

La Peinture à l'exposition universelle

Essai

Table de Matières

Section I

Nous ne ferons point de réflexions moroses, nous nous abstiendrons de toute comparaison chagrine et fâcheuse. Il serait vraiment trop facile d'avancer et de prouver qu'en ce qui concerne les beaux-arts l'exposition universelle de 1878 est inférieure à ses devancières, surtout à celle de 1855, qui a jeté un si vif éclat et laissé un ineffaçable souvenir. Hélas ! les morts vont vite ; on leur succède, mais on ne les remplace pas toujours. Il faut en prendre son parti, jouir de sa destinée et ne pas tout demander. Nous vivons dans le siècle de l'industrie, des inventions et des machines ; notre sort est assez beau. Comme le disait, il y a trois mois, lord Beaconsfield au banquet annuel de la *Royal Academy* de Londres, « le temps présent est un âge de civilisation avancée, et la civilisation est essentiellement confortable ; sa tendance fatale est de supprimer le sentiment et de s'occuper du réel beaucoup plus que de l'idéal. » Lord Beaconsfield a raison, le confortable et l'idéal sont deux choses absolument différentes, et qui veut l'une doit apprendre à se passer de l'autre. Les mères ont coutume de dire à leurs filles qu'une femme doit savoir souffrir pour être belle. Cet adage est profondément juste, et les peuples qui se piquent d'exceller dans les beaux-arts feraient bien de s'en pénétrer autant que les jeunes filles qui aspirent à briller dans un bal. Quand une société se soucie avant tout de se procurer toutes ses aises, elle ne doit pas s'étonner que son architecture ait peu de style, que ses statues manquent de caractère, que sa peinture d'histoire soit trop souvent insignifiante. Les Grecs du temps de Périclès se résignaient à une foule de privations qui nous seraient insupportables et qu'ils ne sentaient pas. Il est vrai que, presque partout, les gouvernements s'appliquent avec un zèle et une sollicitude dont ils font gloire à réagir contre les tendances d'une civilisation qui sacrifie tout au confortable. Ils prennent sous leur haut patronage le sentiment et l'idéal ; mais, si excellentes que soient leurs intentions, ils font mal un métier qui n'est pas le leur, ils n'ont pas toujours la main heureuse, et l'idéal comme le sentiment ont rarement à se louer des services qu'ils cherchent à leur rendre. C'est en général une froide et triste peinture que la peinture officielle ou gouvernementale, et à notre connaissance aucun homme d'état n'a découvert jusqu'aujourd'hui

Victor Cherbuliez

un moyen assuré de créer de grands artistes et de les contraindre à fabriquer des chefs-d'œuvre. Dans le discours que nous avons cité, lord Beaconsfield, après avoir déclaré qu'à son avis les ministres de sa majesté la reine de Grande-Bretagne et d'Irlande ne faisaient pas assez pour les beaux-arts, s'est empressé de reconnaître que c'est un point délicat, controversé, de savoir comment doit s'y prendre un gouvernement pour faire fleurir l'architecture, la sculpture et la peinture. « Il y a des gens, disait-il, qui prétendent qu'en pareille matière l'influence du gouvernement est nulle ; d'autres affirment qu'elle n'est pas nulle, mais qu'elle est funeste et désastreuse. Ce qui est positif, c'est qu'il nous est fort difficile, à nous autres ministres qui désirons favoriser le progrès de l'art, de prendre une mesure quelconque dont le succès soit certain ou probable, *that is likely to be successful*. S'il nous arrive d'ériger une statue à un homme de mérite qui n'est plus, nous pouvons compter que dès le lendemain on en fera la caricature. Si nous acquérons quelque œuvre des grands maîtres du passé dans l'espérance qu'elle deviendra une source d'inspiration pour les peintres contemporains, on ne manque pas de nous démontrer que ce prétendu chef-d'œuvre n'est qu'une copie, et si nous avons le malheur de ne pas l'acheter, on nous accusera avec véhémence d'avoir laissé échapper une occasion d'or. Cependant, ajoutait-il, quelque décourageante que soit cette situation, nous nous ferons un devoir de protéger les arts et les artistes. »

Peut-être ce grand oseur, doué d'un esprit si charmant et si subtil, d'une imagination si vive et si remuante, a-t-il un secret, qu'il nous révélera plus tard ; peut-être réussira-t-il à donner à son pays des Véronèse et des Titien, des Velasquez et des Delacroix, ce qui assurément est une entreprise plus chanceuse que de lui donner l'île de Chypre. En attendant qu'il accomplisse ce miracle, l'Angleterre, comme toutes les autres nations de l'Europe, fera bien de se contenter de ce qu'elle a et de ne pas mépriser le lot qui lui a été assigné et qui n'est point méprisable. Le confortable n'a pas encore tué le sentiment, l'industrie et les machines n'ont pas entièrement supplanté les beaux-arts. Si l'exposition universelle de peinture de 1878 est inférieure à celle de 1855, elle ne laisse pas d'avoir son mérite ; parmi les 3,500 tableaux qui, venus de tous les coins de la terre, se trouvent réunis au Champ de Mars, on compte un nombre considérable d'œuvres fortes, distinguées ou intéressantes. Grâce à Dieu, il y a encore des peintres ; quand il n'y en aura plus, le monde deviendra bien triste. Nous admirons comme il convient les machines, et nous souhaitons toute sorte de bonheur aux mécaniciens ; mais la plus belle locomotive, la plus belle moissonneuse à deux roues, le plus merveilleux phonographe, la plus perfectionnée de toutes les machines à coudre ne tiendra jamais lieu d'une petite toile, grande comme la main, peinte avec amour, avec conscience, avec sincérité, par un artiste qui avait quelque chose à dire et qui l'a dit.

Nous serons très court sur la section française de l'exposition, bien qu'elle soit sans contredit la plus considérable de toutes, la mieux fournie, la plus riche en œuvres importantes. Les tableaux qu'on y voit ont figuré presque tous dans les expositions annuelles ; il n'y a pas lieu de les recommander de nouveau à l'attention et à l'admiration du public ou d'instruire une fois encore leur procès. La France ne peut que se féliciter du rôle qu'elle joue dans le concours international du Champ de Mars. Elle est entrée bien armée dans la lice ; pour y remporter la victoire, elle a mis en ligne quelques-uns des chefs-d'œuvre de M. Meissonier, les plus admirables portraits de M. Bonnat, les tableaux d'histoire de M. Jean-Paul Laurens, les scènes orientales de M. Gérôme et les scènes bibliques de M. Gustave Moreau, plusieurs grands paysages de M. Harpignies, dont le dessin est aussi pur et aussi sévère que la composition en est savante, des toiles signées Hébert ou Henner, Carolus Duran ou Jules Lefebvre, pour ne rien dire de bien d'autres artistes, qui se distinguent ou par le sentiment de la couleur, ou par l'étude sérieuse de la nature, ou par l'habileté de l'exécution. La France est fière de ses peintres, elle l'est peut-être encore plus de ses sculpteurs ; ils n'ont pas d'égaux, à peine ont-ils des émules. On est heureux de retrouver au Champ de Mars la phalange serrée de cette école moderne de sculpture qui joint le goût des nouveautés au respect des traditions et à laquelle l'étranger a peu de chose à opposer. Les statues anglaises sont trop habillées, elles s'appliquent par-dessus tout à ne point blesser là pudeur, à être scrupuleusement décentes, elles n'apprendront jamais la noble effronterie du grand art. Les statues allemandes, depuis que Rauch n'est plus, sont trop grasses, trop potelées, il y a de la lymphe dans leur marbre ou dans leur bronze. Les statues italiennes sont trop précieuses et trop léchées, elles pèchent par l'afféterie. La statuaire française n'est pas trop habillée, et elle n'est pas non plus déshabillée, elle recherche la chasteté du nu ; elle n'est pas trop grasse, et personne ne peut lui reprocher d'être trop maigre ; elle n'est pas précieuse, et cependant elle ne néglige point le détail ; elle sait jouer quand il le faut, mais elle se défie du joli, du mignard, des bagatelles tourmentées et laborieuses ; elle sait que « le ciseau, déposant la pensée de l'artiste dans une matière rebelle et d'une éternelle durée, doit avoir fait un choix original et peu commun. »

Le succès de la peinture française au Champ de Mars serait bien plus grand encore, si le jury avait été plus sévère ou plus impartial dans ses choix, plus attentif à séparer l'ivraie du bon grain, s'il n'avait eu en vue que l'honneur national, s'il l'avait moins sacrifié aux petites considérations et aux petites passions des petits amours-propres. Le catéchisme nous enseigne que nous avons trois sortes de devoirs à remplir, des devoirs envers nous-mêmes, envers le prochain et envers Dieu. Personne ne reprochera à messieurs les jurés de n'avoir pas rempli scrupuleusement leurs devoirs envers eux-mêmes ; on ne les accusera pas non plus d'avoir négligé leur prochain, si l'on entend par là cette portion de leur prochain qui se compose de leurs amis et des amis de leurs amis. Peut-être aussi ont-ils pensé s'acquitter envers Dieu en ouvrant à deux battants les portes des salles françaises à certains tableaux de sainteté. Malheureusement la peinture religieuse laisse aujourd'hui beaucoup à désirer ; le sérieux, l'inspiration, l'originalité, lui font défaut. En rendant compte du salon de 1843, Henri Heine se plaignait que les tableaux d'histoire sainte qu'on y rencontrait à chaque pas rappelaient trop « la boutique marchande et la mesquinerie épicière. » Il en voulait surtout à un grand tableau auquel on avait assigné une place d'honneur et qui représentait la flustigation. « La figure principale, disait-il, ressemble avec sa mine douloureuse au directeur d'une entreprise financière en déconfiture, qui se présente devant ses actionnaires afin de leur rendre ses comptes. Ces derniers sont aussi reproduits sur la toile sous la forme de bourreaux et de pharisiens, qui sont terriblement courroucés contre l'*Ecce homo*, parce que, selon toute apparence, ils ont perdu énormément d'argent sur leurs actions. »

Nous n'avons découvert au Champ de Mars aucun *Ecce homo* qui réponde à ce signalement ; mais nous y avons aperçu des saintes Vierges fort bien faites, qui n'ont de divin que l'énorme auréole dont elles sont affublées ; leurs traits souffrants, leur, physionomie maladive n'expriment, à le bien prendre, que l'immense ennui qu'on a éprouvé à les peindre. Un dieu difforme peut avoir sa majesté, rien n'est moins supportable qu'une divinité bellâtre et insipide. Sans doute ces Vierges ont d'estimables qualités, elles sont l'ouvrage d'un habile homme, qui sait son métier ; mais il y en a trop, il suffisait d'en admettre une à titre d'échantillon. On pourrait citer bien d'autres tableaux qui n'ajoutent rien à l'éclat de la section française. Il est regrettable qu'on n'ait pas écarté cette bourre, qu'on ait introduit dans le tabernacle une centaine de toiles honnêtement médiocres et quelques autres médiocrement honnêtes. Il est regrettable aussi qu'on ait permis à de froides peintures, dont les dimensions sont exorbitantes, de s'étaler à leur aise, de couvrir des murailles entières. Bien qu'il fît brûler par un fer rouge la langue des blasphémateurs, saint Louis fut un saint homme de roi, qui mérite de tenir une grande place dans l'histoire ; mais on ne peut s'empêcher de penser qu'il en tient trop au Champ de Mars.

Si l'on trouve dans la section française beaucoup de tableaux qu'on n'avait garde d'y chercher, on a le regret d'y chercher en vain d'autres tableaux qu'on serait heureux d'y trouver. Le jury a-t-il eu peur que la mariée ne fût trop belle ? Un certain nombre de morts, dont la France fait gloire, avaient leur droit d'entrée, on les a tenus rigoureusement à l'écart. A vrai dire, on a laissé entrer Corot, cet artiste au cœur tendre, qui aimait la nature en amoureux et qui savait mieux que personne mettre de l'air dans un tableau, donner de la profondeur à une toile. Henri Regnault a trouvé, comme Corot, grâce devant le jury ; mais on a eu soin jusqu'à ces derniers jours de disperser ses peintures ; craignait-on en les groupant de faire de la peine à quelqu'un, qui s'en serait trouvé diminué ? Vaine précaution ; le portrait équestre du général Prim fait événement dans la salle où on l'a placé ; mais où est la *Salomé*, l'incomparable *Salomé* ? Il est vrai qu'on l'a demandée et qu'on s'est heurté contre un obstiné refus. Moins heureux que Corot et Regnault, Rousseau, le plus savant des paysagistes, l'inventeur du paysage moderne, l'un des grands maîtres de ce siècle, a été

Victor Cherbuliez

laissé à la porte. On a exclu Millet, ce génie si naïf, si vrai, si robuste, si puissant, qui avait le secret de donner aux scènes les plus ordinaires de la vie des champs de la grandeur et du mystère. On a exclu Fromentin, cet artiste fin, délicat et nerveux, ce peintre doublé d'un écrivain, dont les talents divers s'entr'aidaient et qui nous a laissé quelques-uns des livres les plus colorés, quelques-uns des tableaux les mieux écrits de ce temps.

A quel motif faut-il attribuer ces fâcheuses proscriptions ? Les jurés ont-ils pensé qu'ils suffisaient à la gloire de leur pays ? Se sont-ils dit : Nous seuls, et c'est assez ? Ou bien croirons-nous qu'ils ont redouté des comparaisons dangereuses, que certains voisinages sont incommodes pour les talents ambitieux, pour les vanités inquiètes ? Il ne faut pas ajouter foi trop facilement aux vilaines explications. Tout le monde voulait figurer au Champ de Mars ; il y avait plus de demandes que de places, et pour satisfaire les vivants on a immolé les morts. Si on avait pu ajouter une rallonge à la table, ils auraient été de la fête ; mais on n'a pas voulu se serrer pour les faire asseoir, et on les a mis poliment à la porte ; les vivants crient, les morts essuient en silence l'affront qu'on leur fait. Au surplus cet affront ne les atteint point, leur mémoire n'est pas à la merci d'une intrigue ; personne n'a parcouru les salles françaises sans y chercher des yeux ces illustres absents, et l'étonnement mêlé de chagrin qu'on éprouvait en ne les voyant point était un hommage rendu à leur souvenir. Ah ! que les Anglais ont été plus avisés et mieux inspirés ! Ils n'ont oublié ni éconduit personne, ils ont amené avec eux tous leurs morts, grands ou petits, Mason et Lewis, Phillip, Walker et Landseer. Nous n'en conclurons pas qu'un jury anglais est fait d'une autre pâte, pétri d'un autre limon qu'un jury français. Au nord comme au midi, sous toutes les latitudes, tous les jurys se ressemblent et tous les amours-propres aussi ; mais l'Angleterre est un pays où l'on se persuade moins facilement qu'ailleurs que les hommes parvenus à certaines situations officielles peuvent tout se permettre, ne consulter en toutes choses que leurs goûts et leurs intérêts, et se dispenser de compter avec l'opinion publique. Les pachas sont une espèce plus rare sur les rives de la Tamise que sur les bords de la Seine. Hâtons-nous d'ajouter que parmi les péchés qu'on impute au jury français il en est de purement imaginaires. Au palais, quand on veut expliquer un crime inexplicable, on cherche la femme ; au Champ de Mars, on cherche le juré. Mais le juré est inabordable, insaisissable, inaccessible ; il méprise les reproches véhéments qu'on lui adresse et qu'il traite de vaines clabauderies. Il n'a pas même le loisir de les entendre, son esprit est ailleurs, il a eu tête un gros souci, il médite sur une affaire importante qui absorbe toutes ses pensées, il s'occupe jour et nuit à découvrir un moyen sûr de s'adjuger à lui-même une médaille d'honneur et d'infliger à ceux de ses confrères qui lui font ombrage l'humiliation d'une médaille de troisième classe.

Section II

Il y a dans les couvents des religieux profès, des novices et des frères convers. Les pays qui ont envoyé de la peinture au Champ de Mars sont les uns de vieux routiers de l'art, qui ont une antique renommée à soutenir, les autres sont encore nouveaux dans le métier où ils aspirent à passer maîtres. Les uns ont hérité de leurs ancêtres, une science traditionnelle, des règles, des préceptes, des exemples, qu'ils mettent à profit ; les autres en sont réduits à emprunter la science de leurs voisins ou à ne suivre que leur instinct, qui cherche le succès à tâtons. « Si un homme, disait Voltaire, à qui on sert un plat d'écrevisses qui étaient toutes grises avant la cuisson et qui sont devenues toutes rouges dans la chaudière croyait n'en devoir manger que lorsqu'il saurait bien précisément comment elles sont devenues toutes rouges, il ne mangerait d'écrevisses de sa vie. » Il est certain qu'on peut se passer quelquefois de savoir le pourquoi des choses. L'ignorance, quand le bon sens lui vient en aide, fait souvent d'heureuses trouvailles ; mais les longues expériences sont un guide plus sûr. Aussi les pays qui n'ont point de passé font-ils bien d'étudier le passé des autres ; encore faut-il l'étudier avec discernement, sans abdiquer son indépendance et sans oublier que les méthodes, d'autrui ne sont pas toujours à notre usage. Il est des peuples privilégiés, chez qui les beaux-arts sont un produit naturel du sol, du climat et du génie national ; pour d'autres, c'est comme une plante exotique d'importation plus ou moins récente, qu'ils s'appliquent à acclimater. Commençons notre revue par ces derniers.

Victor Cherbuliez

La confédération argentine, Guatemala, Haïti, le Mexique, le Pérou, l'Uruguay, Venezuela, ont exposé ou des dessins calligraphiques, ou des scènes de genre, ou des vues panoramiques, ou des portraits ; chacun fait ce qu'il peut. On nous assure que parmi ces portraits il en est qui représentent des présidents, et cela nous explique pourquoi ce ne sont que des ébauches. Dans ces pays, où les révolutions sont si fréquentes, les retouches sont impossibles. Avant que le portrait soit achevé, le président a disparu.

Ce ne sont pas les révolutions qui empêchent le Portugal d'avoir de grands peintres. Cet intéressant petit peuple a des destinées plus paisibles, plus prospères que les états de l'Amérique centrale et méridionale, l'esprit plus posé que ses versatiles et orageux voisins de l'est. Les Portugais se piquent d'avoir du bon sens, d'être les Anglais de la péninsule, ils parlent avec dédain des *muchachoa listos* de Madrid, des têtes chaudes de l'Andalousie et de cette race ingouvernable qu'ils ont surnommée les Africains de Malaga. En revanche, si l'Espagne a trop de généraux disposés à courir la lucrative carrière des *pronunciamientos*, elle a des artistes, elle a des peintres ; on le voit bien au Champ de Mars, où l'exposition espagnole a obtenu le plus vif et le plus légitime succès. Le sage Portugal n'a exposé que dix-sept tableaux, et par malheur il ne s'est pas rattrapé sur la qualité. Ce sont pour la plupart des œuvres lourdes, pataudes, d'une exécution molle et paresseuse. On a dit que la langue portugaise était de l'espagnol désossé ; le Portugal a envoyé au Champ de Mars de la peinture désossée.

Le royaume hellénique a été logé dans la même salle que le Portugal ; nous ne les séparerons point, quoiqu'il soit étrange de compter la Grece parmi les pays dont la peinture n'a point de passé. Un savant et ingénieux Allemand, M. Fallmerayer, s'est efforcé de démontrer que les Hellènes modernes ne descendent pas des héros de Marathon, qu'un autre sang coule dans leurs veines, que ce sont des Slaves qui parlent grec. Peu s'en est fallu qu'il ne payât de sa vie cet audacieux paradoxe, qu'on a réfuté plus d'une fois ; mais les Grecs sont intéressés eux-mêmes à ne pas se considérer comme solidaires d'un passé dont la gloire est écrasante. Entre l'Athènes du roi George et l'Athènes de Périclès il n'y a rien de commun que des ruines immortelles, qu'il faut admirer à genoux, en se gardant de les copier. Quand cessera-t-on de jeter à la tête des nouveaux

Athéniens les grands noms de Phidias, de Zeuxis, de Sophocle et de Platon ? Ils ont eu le bon esprit d'imiter ce petit bourgeois qui se trouvait être le fils naturel d'un doge de Gênes et à qui son père légua un superbe palais de marbre, qu'il n'osa pas habiter ; il construisit en face une jolie maisonnette en moellons, où il s'installa, et il montrait le palais de marbre aux étrangers. La Grèce contemporaine n'a point de Thucydide, elle ne laisse pas d'avoir des historiens de mérite ; elle n'a pas de Sophocle, mais elle a des chants populaires pleins de grâce, de fraîcheur et d'esprit. Plût au ciel que sa peinture valût ses chansons ! Il y a commencement à tout.

La Grèce est représentée au Champ de Mars par un imitateur de M. Gérôme, par un impressionniste, que M. Manet empêche de dormir, et par un peintre de genre d'un vrai mérite. L'imitateur de M. Gérôme, M. Rallis, n'est pas sans talent ; il a beaucoup appris de son maître, mais il ne l'a pas dégorgé ; il le copie trop visiblement. L'impressionniste, M. Périclès Pantazis, est plutôt, pour parler la langue des spirituels auteurs de *la Cigale*, un simple intentionniste, et ses intentions sont tantôt bonnes et tantôt mauvaises. Son défaut le plus grave est que sa peinture manque de gaîté, elle est lugubre. Il a exposé un nombre assez considérable de tableaux, des figures, des natures mortes, des paysages, des scènes de printemps et d'automne, les brouillards des mers du nord. Ce qu'il a peint le mieux, c'est le brouillard ; il n'a pas eu besoin, comme le peintre intentionniste de *la Cigale*, de fourrer un couteau dans son cadre ; on comprend tout de suite qu'il s'agit d'un brouillard à couper par tranches. Le peintre de genre est M. Nikiforos Lytcras, qui n'a pas demandé ses inspirations à M. Manet ou à M. Gérôme, il n'a consulté que ses yeux. Il a peint des intérieurs grecs, où tout est grec, les figures, les costumes, la simplicité antique du mobilier, la nudité des murailles blanches, dont une sainte image et une glane d'oignons sont le seul ornement. Dans un de ces intérieurs, une jeune fille se dresse sur la pointe des pieds pour échanger à travers une lucarne entr'ouverte un baiser avec un jeune homme, dont on ne voit que le visage ; ce baiser est aussi chaste que le beau lis qui épanouit près d'elle sa corolle argentée. Le grand mérite de M. Lytras est qu'il n'aime pas le bitume ; sa peinture est très claire et n'a rien de frelaté. C'est un petit vin du cru, qui à de la franchise et du montant.

Passons brusquement du nord au midi, de la Grèce aux pays Scandinaves. Bien que les artistes suédois, norvégiens et danois aient presque tous fréquenté les écoles de Dusseldorf, de Munich ou de Paris, ils ont cependant quelque chose qui leur appartient en propre, certains traits de caractère qui les font reconnaître. Se promener dans la section danoise, c'est faire un voyage en Danemark, et ce voyage est aussi agréable qu'intéressant. Une bonhomie patriarcale dans le choix des sujets, des mœurs locales étudiées sur le vif, des visages honnêtes, qui inspirent la confiance, de bonnes gens qui ont l'air de se trouver bien où ils sont, une lumière, tantôt voilée, tantôt crue, un dessin consciencieux, appliqué, dont le seul défaut est un excès de rondeur, voilà ce qu'on trouve dans la plupart des tableaux que nous a envoyés Copenhague. Ce qui distingue surtout les peintres du Danemark, c'est que leur pinceau est toujours propre, il l'est même trop, il est propret, et la nature n'est jamais proprette ; la débarrasser de sa poussière, de ses cicatrices, de ses verrues, de ses saintes macules, c'est attenter à sa beauté. M. de Thiard disait : « J'aime beaucoup les bergeries de M. de Florian, mais j'y voudrais un loup. » Quand on regarde un tableau danois, on se prend à soupirer après une tache. M. Exner nous introduit dans l'intérieur de ménages rustiques, et sa peinture a du charme. Il nous fait voir des salles communes où il y a des hommes, des femmes, des enfants, des chiens et une porte ou une fenêtre ouverte par laquelle on aperçoit un peu d'herbe et quelques arbres. Pourquoi faut-il qu'avant de nous être montrés, les plafonds, les planchers, les chaises, les tables, les assiettes, l'herbe et les arbres aient été lavés, récurés avec un soin trop minutieux ? Comme les meubles, comme les vêtements, il semble que les visages n'ont jamais servi jusqu'à ce jour, et les sourires sont tout neufs. M. Exner devrait se dire que les maîtres hollandais de la grande époque avaient le goût du net et du limpide, et que pourtant, bêtes ou gens, les personnages qu'ils mettent en scène n'ont jamais l'air d'avoir été créés pour la circonstance ; nous devinons qu'ils ont une histoire, qu'ils ont subi l'action du temps, cette lime sourde qui use les choses, les hommes, les cœurs et les sourires. Ce qui nous intéresse le plus en peinture, ce sont les meubles qui ont un passé et les âmes qui ont vécu.

On peut adresser aux paysages danois la même critique qu'aux aimables tableaux de genre de M. Exner ; ils sont trop soignés, trop ratissés. On attendait du monde, on a balayé les allées, peigné les arbres, les voilà dignes de figurer dans la cérémonie. Il faut faire exception pour le *Jour d'été* de M. Kyhn, belle composition fort remarquable. Une vaste clairière qui s'abaisse par une pente douce et qu'entourent d'épais massifs, sur le devant une mare bordée d'un gazon fleuri, un terrain inégal, raboteux, de la profondeur dans la perspective, un grand ciel un peu blanchâtre, un soleil qui n'est pas celui de l'Espagne et qui ressemble, comme le dirait Gautier, à une pâle veilleuse sur la table de nuit d'un malade, voilà bien les beautés tranquilles, les grâces abandonnées et la sérénité mélancolique d'un jour d'été à 54 ou 55 degrés de latitude nord. Le râteau n'a pas passé par là, ce n'est pas du paysage endimanché.

La section danoise contient encore un grand tableau qui appelle l'attention et dont le sujet est emprunté à l'histoire du Danemark. Le roi Christian II, lequel régna de 1512 à 1523, avait envahi la Suède et s'était fait couronner à Stockholm, où il abattit plus d'une tête. Peu après, la Suède lui fut reprise par Gustave Wasa, et son oncle Frédéric Ier, duc de Holstein, le dépouilla de ses états héréditaires. Plus tard, avec l'aide de son puissant beau-frère, Charles-Quint, il essaya de remonter sur le trône. Il fut battu et enfermé pendant dix-sept ans dans un caveau du château de Sonderborg. On raconte qu'il y passait chaque jour des heures entières à tourner autour d'une table ronde, sur le rebord de laquelle il promenait son pouce. M. Bloch, membre de l'académie de Copenhague, a reproduit grand comme nature cet auguste et mélancolique prisonnier ; on sent que depuis bien des années déjà il tourne en rond autour de sa table et de son idée. Le frottement continuel de son doigt a creusé la pierre, ses pieds ont fini par user le carreau où ils se traînent languissamment. Son vieux serviteur, la tête nue, le front bas, lui avance un fauteuil et semble l'engager à interrompre son éternelle promenade en lui montrant des yeux son frugal repas qui l'attend. Ce roi détrôné, chaussé de pantoufles éculées, coiffé d'une barrette, vêtu d'une chemise en désordre et d'un méchant habit à crevés, représente bien une majesté déchue qui en appelle. Sa démarche est pesante, son corps s'est épaissi et engourdi dans sa longue captivité ; mais l'âme est restée fière, il refusera longtemps encore de signer son abdication. Sa figure exprime le travail d'une idée fixe, un royal embêtement, qui proteste contre la destinée. Peut-être se reproche-t-il de n'avoir pas fait tomber assez de têtes, de n'avoir été brutal qu'à moitié ; verser un peu de sang, c'est quelquefois dangereux ; en verser beaucoup, c'est souvent utile. Il y a dans ce tableau de la simplicité et une certaine grandeur. La salle voûtée et briquetée où se passe la scène est bien rendue, éclairée comme il convient ; les accessoires ont été exécutés par une main patiente et consciencieuse, qui n'escamote rien. Dans les œuvres de génie, il y a toujours un peu de scélératesse, ce sont des crimes heureux ; mais n'est pas scélérat qui veut, et rien n'est plus pitoyable que l'escamoteur maladroit qui se laisse surprendre la main dans le sac. Les peintres du Danemark sont parfaitement honnêtes ; ils sont bien les fils de ce vaillant petit pays, si malhonnêtement dépouillé par un voisin sans scrupules.

Quittons le Danemark pour nous transporter dans l'exposition des autres pays scandinaves ; nous y trouverons moins de bonhomie, plus d'habileté, plus de procédés appris, une recherche plus sensible de d'effet. Nous craignons qu'un peintre norvégien établi à Munich, M. Heyerdahl, n'ait manqué le sien en représentant Adam et Eve chassés du paradis. M. Heyerdahl a du talent, il a étudié son métier ; mais pourquoi son tableau est-il si sombre ? Il y a répandu comme un nuage de suie. Son Adam et son Eve n'ont pas l'air de sortir d'un jardin délicieux ; ils sortent plutôt de quelque hutte de charbonnier, où ils se sont noirci le visage et les mains. Eve, qui est coquette, a grand soin de nous cacher sa figure ; Adam en veut au garde champêtre qui lui a dressé procès-verbal, et il lui montre le poing. Nous doutons aussi que l'*Asgaardreid* de M. Arbo, de Christinia, produise tout d'effet qu'il en attendait. S'il en faut croire une légende norvégienne, ceux d'entre nous qui n'ont pas fait assez de bien pour mériter le ciel, ni assez de mal pour aller en enfer, seront condamnés après leur mort à chevaucher dans les airs jusqu'à la fin du monde. Nous ne trouvons rien à redire à la moralité de cette légende, nous aimons à voir punir les neutres, les indifférents, ceux qui ne furent ni chair ni poisson, ni serviteurs zélés de Dieu, ni partisans résolus du diable. Dante, lui aussi, a traité sévèrement les anges qui, sans tremper dans la révolte de Satan, m'ont laissé faire ; ils n'aimaient qu'eux-mêmes, *per se foro*.

« Le ciel les expulsa, parce, qu'ils l'auraient enlaidi, et le profond
enfer refusa de les recevoir. La miséricorde, comme la justice, les
dédaigne ; ne parlons pas d'eux, regards et passe. »

Misericordia e giustizia gli sdegna ;

Non ragioniam di lor, ma guarda e passa.

M. Arbo nous montre ses tristes cavaliers montés sur des
coursiers noirs et galopant entre ciel et terre au clair de la lune. Il y
a de la fougue dans cette composition ; mais hommes et chevaux,
cette cavalcade fantastique forme une masse confuse, où nous
distinguons à grand'peine quelques figures dans le tas, et nous en
voulons au peintre de ne pas nous faire voir ce qu'il nous montre.
Si M. Arbo a négligé d'allumer sa lanterne, on trouve en revanche
dans la section norvégienne des couchers de soleil si éblouissants
qu'on ne peut les contempler sans cligner les yeux. C'est peut-être
vrai, mais nous en doutons ; la nature n'aime pas les pétards. A
ce grand tapage de couleurs criardes, heurtées et violentes nous
préférons le *Paysage d'hiver* de M. Munthe, où nous voyons un
hameau de pêcheurs au bord de la mer. La terre est blanche, le
ciel est noir, la mer est grise ; mais les pêcheurs ne s'occupent que
de déballer leurs poissons. Nous sommes persuadé qu'ils adorent
leur pays et qu'ils seraient très malheureux si on les transportait
sur les rivages de la baie de Naples. L'habitude est la puissance qui
gouverne ce monde, et il faut louer les peintres qui peignent des
habitudes.

On trouve en Suède aussi d'intéressants paysages. Il est inutile
d'appeler l'attention sur les belles marines de M. Wahlberg. Tout
le monde connaît, pour les avoir vus au salon, ses clairs de lune,
ses golfes, ses ports, ses ciels brouillés, ses vagues clapoteuses
ou dormantes. M. Wahlberg cherche l'effet et il l'obtient ; mais
on s'aperçoit qu'il le cherche. Il n'y a rien de cherché dans le très
beau paysage de M. Lindström ; c'est un canal bordé de bouleaux
à l'écorce argentée, au feuillage léger, jauni par l'automne. L'eau est
transparente, les arbres sont du dessin le plus étudié et le plus fin,
l'air circule entre leurs branches, le tableau s'enfonce bien, on s'y
promène avec plaisir et on y respire à l'aise.

Nous avons hâte d'arriver au morceau capital de l'exposition
suédoise. M. le baron Gederström nous montre le corps de Charles

XII transporté par ses officiers à travers la frontière norvégienne. Le vainqueur de Narva, le vaincu de Pultava a été frappé d'une balle à la tempe devant les retranchements de Frederikshall. On le ramène à Stockholm sur une civière, que portent péniblement huit officiers de sa garde, vêtus d'un uniforme bleu sombre, dont l'un, blessé à la tête, a le front enveloppé d'un bandeau. Leur fardeau est lourd ; le maître, qui de son vivant les harassait par ses perpétuelles entreprises, continue après sa mort à peser lourdement sur leurs épaules. Ils ont l'air moins triste que soucieux ; ils songent à leur épaule meurtrie et aux incertitudes de l'avenir ; ils semblent se dire : Et après ? qu'arrivera-t-il ? à qui sera le trône ? Ils ne laissent pas d'aller d'un bon pas, d'un pas militaire ; on les voit marcher, on entend la neige crier sous leurs pieds, car la scène se passe au fort de l'hiver. Le funèbre cortège chemine dans un couloir de montagnes, sur une route qui descend rapidement. Un vieux général porte la main à son chapeau qui menaçait de s'envoler, le vent s'engouffre dans son manteau. Un autre officier supérieur, coiffé d'une perruque, le bras en bandoulière, pourrait bien être l'ingénieur français Maigret, « cet homme singulier et indifférent, » comme dit Voltaire, lequel, en voyant tomber le roi, s'écria : — Voilà la pièce finie, allons souper. — Derrière cette avant-garde flotte le drapeau suédois et se déroule à perte de vue toute l'armée en retraite. A droite se dresse un rocher peint avec une étonnante vigueur ; à gauche dévale un précipice où pendent des stalactites de glace. Un vieux chasseur, portant sur son dos un aigle mort dont la blessure ensanglante la neige, s'est mis de côté pour faire place au corps, devant lequel il s'incline ; comme lui, un enfant qui l'accompagne s'est découvert ; leur chien salue d'un hurlement plaintif cette grande et courte destinée qui passe. Un pâle rayon de soleil éclaire l'extrémité de la vallée, le reste est enveloppé dans la brume. Ce remarquable tableau est d'une peinture sévère, presque austère, mais franche et solide. Plus on le revoit, plus on en est frappé ; il ne vous séduit pas, il s'impose à vous. Il s'en dégage une forte et saisissante impression ; l'artiste a soigné le détail en le faisant concourir à l'effet général, et dans son œuvre tout est d'accord, tout est d'ensemble, la brume, la neige, le froid, le vent, l'expression soucieuse des figures et les yeux à jamais fermés d'un héros qui fut un aventurier de génie et mourut dans la force de l'âge, pour avoir lassé la fortune par ses impérieuses sommations. On ne saurait trop recommander cet ouvrage à l'étude attentive des peintres qui cherchent la grandeur dans le guindé, l'expression dans la grimage, l'éloquence dans la déclamation et le dramatique dans le théâtral. M. Cederström a sûrement appris la rhétorique ; mais après l'avoir apprise, il a eu soin de l'oublier, et son exemple est bon à suivre.

Section III

Les critiques ne se lassent pas d'exhorter les artistes à se vouer au grand art, à l'art sérieux, et ils ont raison ; mais beaucoup d'artistes s'imaginent que le grand art consiste à peindre des rois, des empereurs ou des saints sur une grande toile qui a quatre mètres de hauteur et six mètres de largeur, en quoi ils se trompent. Peignez des hommes, des anges ou des bêtes, des césars ou des paysans, la sainte Trinité ou des pâtis et des moutons, quelle que soit la dimension de votre toile, vous ferez grand si vous possédez les trois vertus théologales, la foi, l'amour et l'espérance. Il faut croire à son sujet ; il faut l'aimer passionnément, il faut ressentir en travaillant cette joie particulière qui accompagne les longs espoirs et les vastes pensées. L'essentiel est d'être assez convaincu pour convaincre les autres. Quand M. Cederström a peint son Charles XII, il était convaincu. Nous doutons que M. Siemiradski ait peint avec conviction *les Torches vivantes de Néron*, le plus grand tableau de la section russe, l'un des plus grands de toute l'exposition. *Les Torches vivantes* eurent beaucoup de succès à Rome, où elles furent exposées, croyons-nous, pour la première fois ; le jury des beaux-arts a confirmé la sentence des premiers juges en décernant une médaille d'honneur à M. Siemiradski. Le peintre polonais a pris son sujet dans Tacite : — « Après l'incendie de Rome, raconte l'historien latin, on commença par se saisir de ceux qui s'avouaient chrétiens et ensuite, sur leur déposition, d'une multitude immense, qui fut reconnue coupable moins d'avoir incendié Rome que de haïr le genre humain. A leur supplice on ajoutait la dérision ; on les attachait en croix, ou l'on enduisait leur corps de résine, et on s'en servait la nuit comme de flambeaux pour s'éclairer, *in usum nocturni luminis*. Néron avait cédé ses propres jardins pour ce spectacle ; aussi, quoique criminels et dignes des derniers supplices, on se sentit ému de compassion pour ces victimes, qui semblaient immolées moins au salut de l'état qu'au féroce caprice d'un homme. » Dans le tableau de M. Siemiradski, l'architecture est excellente, habilement traitée ; mais la perspective laisse beaucoup à désirer. Cette immense toile est plate comme la main ; la foule qui grouille sur le premier plan doit étouffer, la place lui manque et l'air aussi. Ce qui nous chagrine encore plus, c'est que cette foule paraît s'intéresser fort peu au spectacle étrange qu'on lui sert. Hommes, femmes, enfants, sénateurs et gens de rien, les uns habillés, les autres nus ou demi-nus, regardent voler les mouches ; ils ont un air de distraction, de désœuvrement et de profonde indifférence ; il n'y a pas dans cette nombreuse assistance une seule tête qui ait de la physionomie. Néron, qui tient un léopard en laisse et dont la litière est précédée de quatre esclaves noirs, paraît ennuyé de lui-même et des autres autant que le saint Louis de M. Cabanel fondant les Quinze-vingt et la Sorbonne. Quant aux malheureux chrétiens, ridiculement emmaillottés et perchés sur de hauts poteaux, ils semblent beaucoup moins préoccupés de l'affreux supplice qui les attend que du rôle piteux qu'on leur fait jouer. On cherche des héros et des martyrs, on n'aperçoit que des figurants, condamnés à paraître dans une pièce qui n'est pas de leur goût. — Tu as une belle voix, mais tu ne me persuades pas, disait un illustre chanteur à un débutant. — M. Siemiradskî a une belle voix, qui lui a valu une médaille d'honneur ; mais il ne réussit pas à nous persuader.

Il y a dans la section russe nombre de tableaux moins importants et beaucoup moins considérables, qui en revanche sont beaucoup plus persuasifs. Tels sont plusieurs tableaux de genre où les mœurs russes sont rendues au naturel. On voit avec plaisir une scène d'intérieur de M. Maximof, intitulée : *Partage des biens dans une famille de paysans*, et surtout sa *Noce villageoise*, qu'interrompt l'arrivée d'un devin, dont le bonnet fourré et la pelisse sont mouchetés de flocons de neige. Les mariés et leurs invités ont des figures expressives, la composition est bien entendue ; malheureusement cette scène est éclairée par des lampes qu'on ne voit pas, et on se demande d'où vient le jour, ce qui fait tort à la noce. Nous n'avons pas été persuadé par le *Clair de lune* verdâtre et un peu brutal de M. Kouïndji ; la lune n'est jamais brutale, même en Ukraine ; mais nous croyons sur parole M. Mechtcherski, quand il nous montre sa *Forêt en hiver*. Le milieu de la toile est occupé par un étang gelé, dont on a commencé de tailler la glace. Sur un de ces blocs de glace s'est perchée une corneille ; ses sœurs voltigent alentour. Au fond s'étend la forêt poudrée à blanc, chargée de givre et de frimas, enveloppée d'un brouillard qui donne le frisson.

Les ouvrages que renferme la section russe, si différents qu'ils soient par le sujet, ont tous un air de famille. L'invention en est souvent heureuse et spirituellement conçue ; l'exécution est insuffisante ou dure, la couleur est faible. C'est de la peinture de novice, qui pourtant n'est pas jeune. Le travail a été entrepris avec vigueur et vivement attaqué, mais il n'a pas été poussé, l'artiste est resté à mi-chemin, soit qu'il se défiât de ses forces, ou qu'il fût incapable d'un long effort, ou que sa main ait été prise d'une subite lassitude. Des trois vertus théologales c'est l'espérance qui manque le plus aux peintres russes ; aussi s'arrêtent-ils avant d'être arrivés, et leurs œuvres sont intéressantes, mais elles sont tristes, comme tout ce qui est incomplet. Il y a pourtant des exceptions. C'est une œuvre achevée que le portrait du paysagiste Schichkine par M. Kramskoï. Il est en pleine campagne, il cherche des yeux le site qu'il veut peindre et l'endroit où il ira planter son piquet. C'est une figure admirablement venue, qui est bien dans l'air et qui a de l'enveloppe. La *Route dans la forêt* de M. Lindholm, d'Helsingfors, est aussi un morceau irréprochable. Cette route traverse une sapinière tachetée de soleil. Le sapin du premier plan est un chef-d'œuvre. La grande règle est de faire ce qu'on voit et ce qu'on aime ; M. Lindholm a vu son sapin et il l'a aimé ? aussi a-t-il étudié en conscience l'histoire de chacune de ses branches depuis le commencement jusqu'à la fin, et cependant le détail se fond dans l'ensemble, la branche n'empêche pas de voir l'arbre, l'arbre n'empêche pas de voir la forêt. Ce sapin finlandais est tout à fait persuasif, et nous sommes convaincu qu'il y a dans M. Lindholm l'étoffe d'un excellent paysagiste.

Il semble qu'il n'y ait pas dans le monde deux nations plus différentes que la despotique Russie et que la libre république des États-Unis. Néanmoins ces deux pays se ressemblent par plus d'un endroit, et tout d'abord par la haine jalouse qu'ils ressentent à l'égal l'un de l'autre pour John Bull ; voilà pourquoi l'aigle à deux têtes et le drapeau étoilé ont depuis longtemps fait amitié et contracté alliance ; le meilleur ciment qu'on ait inventé pour lier les nations comme les individus est une bonne haine commune. L'empire moscovite et les États-Unis ont aussi ce rapport que ce sont des peuples pionniers, portant dans la politique l'esprit d'aventure, l'un avec plus d'astuce, l'autre avec plus de désinvolture, ce qui a fait dire à quelqu'un qui n'aime pas la Russie que le Russe est un Byzantin doublé d'un *Yankee*. Russes et Américains s'entendent encore pour mépriser profondément le vieux monde, qui se meurt de consomption ou de décrépitude ; ils se croient appelés à rajeunir la civilisation, à lui infuser un sang nouveau. Peut-être se piquent-ils aussi de rajeunir les beaux-arts, dans lesquels ils commencent à s'exercer. Il est possible que ces apprentis deviennent maîtres et qu'ils nous donnent un jour des leçons, c'est le secret de l'avenir.

Le premier point est d'avoir du caractère. Malgré ses défauts, la peinture russe en a, la peinture américaine en a peu, si nous en jugeons du moins par les échantillons rassemblés au Champ de Mars. Quand on vient de visiter la section russe, on emporte dans ses yeux des visions de steppes et des figures de *moujiks*. La section américaine nous apprend peu de chose sur les États-Unis et ne renferme qu'un petit nombre d'œuvres qui aient une physionomie originale. Il en est quelques-unes à la vérité qu'on peut qualifier d'excentriques ; mais original et excentrique, ce n'est pas la même chose. De quel côté de l'Océan M. Hamilton a-t-il rencontré cette grosse fille délurée qui, se renversant dans son fauteuil jaune, les mains croisées autour de ses genoux, une cigarette entre ses doigts, rit à gorge déployée et montre sa jambe à son perroquet ? Il y a beaucoup de talent dans cet ouvrage de mauvais goût ; mais à qui ce talent pourrait-il plaire ? Il est trop léger pour New-York, il est trop brutal pour Paris. Elle est bien singulière aussi cette grande toile d'un bleu sombre que M. Dana a intitulée *Solitude*, et qu'il aurait mieux fait d'appeler un tableau sans sujet. C'est un morceau de la pleine mer vue pendant la nuit, à la faveur de « cette obscure clarté qui tombe des étoiles. » On y voit tout juste assez pour constater qu'on ne voit rien. On distingue très nettement au contraire ce qui se passe dans *la Vallée du paradis à Newport* de M. La Farge. Ce paradis est coupé de petits murs en pierres sèches et brouté par des moutons qui ne paient pas de mine. Tel qu'il est, il a un caractère propre que M. La Farge a senti et rendu ; aussi préférons-nous son paysage un peu grisâtre aux intérieurs bretons, aux scènes bavaroises, aux vues de France ou d'Italie qui abondent dans la section des États-Unis.

Cependant on y découvre, en cherchant bien, quelques tableautins qui ont un goût prononcé de terroir. Nous avons un faible pour le *Dimanche matin en Virginie* de M. Winslow Homer. Quatre nègres et négresses, qui ressemblent beaucoup à des singes, sont occupés à lire la Bible. La vérité dans le sentiment et la parfaite sincérité du pinceau rendent la laideur aimable. Signalons aussi un petit chef-d'œuvre de M. Brown, intitulé *le Cirque qui passe*. Cinq méchants gamins, alignés sur le trottoir et fort dépenaillés, regardent passer des clowns achevai. Ces cinq figures sont excellentes, pleines de vie et d'expression, et sur leurs lèvres fleurit ce rire yankee qui semble dire : Tu m'amuses, mais ne va pas t'imaginer que tu m'étonnes. Notons encore un beau *Chat* de M. Butler junior, lequel n'a rien de commun avec les chats civilisés, raffinés, élégants, aristocrates, coquets et douillets de M. Lambert, vrais gentilshommes de chats, nés pour mordiller des dentelles, pour égratigner des robes de satin, pour se faire les ongles sur des fauteuils en tapisserie, pour se rouler dans la martre et dans l'hermine, dans le vair et dans le gris. M. Butler nous montre un véritable rominagrobis de gouttières, râblé, épais, à l'œil dur. Il s'est accroupi sur le rebord d'une planche, et il guette sa proie, en faisant semblant de dormir. En veut-il à Cuba, perle des Antilles, ou aux mines d'or et d'argent du Mexique ? Espagnols et Mexicains feront bien de se défier, c'est un de ces matous qui ne jouent pas longtemps avec la souris, ils ont bientôt fait de l'étrangler et de l'avaler.

Nous terminerons par la Hongrie ce dénombrement des pays qui n'ont pas encore beaucoup marqué dans l'histoire de l'art. La Hongrie a l'insigne bonheur d'être représentée au Champ de Mars par un peintre dont les premiers essais ont été des coups de maître et qui est toujours allé en progressant ; sa dernière œuvre est la meilleure. Le jury a décerné une médaille d'honneur à M. Munkacsy, et de toutes ses décisions c'est la seule peut-être qui ait obtenu l'approbation universelle. Le *Milton aveugle dictant le Paradis perdu à ses filles* est un des grands succès de l'exposition. Milton est assis dans un fauteuil, près d'une fenêtre ; les dures expériences de sa vie, le rongement incessant d'une âme tourmentée et violente ont creusé, ravagé son visage ; il est en proie au démon, il cherche sa pensée dans la nuit. A la gauche du poète sont groupées autour d'une table ses trois filles, qui le regardent ; l'une brode, la seconde est debout, la troisième tient la plume : elle est comme suspendue aux lèvres de son père et à ses yeux éteints. Il a trouvé en elle le plus docile, le plus intelligent, le plus gracieux des secrétaires, car sa figure est d'une grâce exquise et pénétrante. Cette grande toile est pleine d'émotion, de recueillement et de silence ; on sent qu'il s'y passe quelque chose, on assiste à l'enfantement du *Paradis perdu*. Les accessoires, les meubles, les tentures, les fonds sont traités avec largeur ; la touche est ferme et grasse, elle en dit assez, elle ne dit rien de trop. On oublie en contemplant cet émouvant tableau que l'artiste a fait trop d'honneur aux filles de Milton ; l'histoire leur reproche d'avoir été d'assez mauvaises filles, d'avoir eu de vilains procédés pour leur père. On oublie aussi que le noir est le grand ennemi de M. Munkacsy, un ennemi dont il ne se défie pas assez. Il y en a moins dans son *Milton* que dans ses précédents tableaux, et pourtant il y en a trop. On nous assure que le noir est inconnu en Angleterre ; c'est même une question de savoir s'il existe dans la nature.

La section hongroise renferme plusieurs autres toiles importantes, dont les sujets sont empruntés pour la plupart à l'histoire nationale, et parmi lesquelles il faut signaler la *Marie de Széchy*, de M. Sékely, *la Fuite de Tökoly après la prise de Likave, les Derniers moments de la forteresse de Szigethvar*, par M. Weber, et surtout le *Baptême de saint Etienne, premier roi de Hongrie* par M. Jules Benczur, grand tableau fort estimable. Les artistes qui ont beaucoup d'ambition et qui s'attaquent à des sujets trop forts pour eux nous rappellent ce conscrit placé en sentinelle qui avait fait un prisonnier. — Amène-le-moi, lui criait son capitaine. — Je ne peux pas, répondait le conscrit ; il ne veut pas me lâcher. — Les artistes dont nous parlons sont les prisonniers de leur sujet, qui les tient et ne veut pas les lâcher, et, si recommandables que soient leurs ouvrages, ils nous laissent l'impression d'un labeur pénible, de l'effort désespéré d'un homme pris dans un piège dont il cherche à se dépêtrer. M. Bela Pallik ne s'est pas attaqué à saint Etienne, il a peint une *Étable de brebis* en Hongrie, et on sent qu'il est maître de

son sujet. Dans le royaume de l'art, un mouton bien venu occupe une meilleure place qu'un héros manqué ou insignifiant. Ou remarquera aussi en parcourant la section hongroise que les peintres magyars ont un goût prononcé pour les sauces, et qu'ils placent volontiers la scène de leurs tableaux dans une cave, qu'ils éclairent par des feux de Bengale. Les étrangers qu'avait attirés à Paris la fête nationale, et qui ont vu pour la première fois la place de la Concorde illuminée *a giorno* par le gaz, l'électricité, des flammes rouges ou vertes, en ont été charmés ; quand ils l'ont revue le lendemain éclairée par la lumière du jour, ils ont été plus charmés encore, et ils ont reconnu que le plus admirable artificier est celui qui a inventé le soleil. L'auteur d'une petite brochure récemment publiée, qui est une apologie de l'impressionnisme, attribue fort justement aux peintres naturalistes de notre temps l'honneur d'avoir créé « la peinture claire, définitivement débarrassée de la litharge, du bitume, du chocolat, du jus de chique, du graillon et du gratin. » Nous leur devons aussi, ajoute-t-il, « l'étude du plein air, la sensation vraie non-seulement des couleurs, mais des moindres nuances des couleurs, les tons, et encore la recherche des rapports entre l'état de l'atmosphère qui éclaire le tableau et la tonalité générale des objets qui s'y trouvent peints. » Il loue également les artistes japonais de nous avoir appris qu'on peut produire les plus heureux, effets en juxtaposant des teintes fortes et les tons les plus tranchés.[1] Il est certain qu'après avoir regardé quelque temps un tableau bitumineux ou couleur chocolat, on éprouve quelque plaisir à contempler un éventail japonais, une pièce d'eau peinte par M. Monet ou une amazone de M. Renoir ; mais ce qu'il y a de mieux encore, c'est d'aller passer une heure dans la section espagnole du Champ de Mars. Un amateur de notre connaissance finit toujours par là sa visite à l'exposition, et à ceux qui s'en étonnent il répond :
— Je sors d'un pays de sauces, et je viens ici pour me nettoyer les yeux.

Section IV

La Belgique est un pays où fleurissent l'agriculture, l'industrie, la monarchie constitutionnelle et les querelles religieuses ; la

1 *Les Peintres impressionnistes*, par Théodore Duret, Paris, 1878.

Victor Cherbuliez

Belgique est aussi un pays où l'on sait dessiner et peindre. Elle n'a pas seulement hérité des aptitudes naturelles qui distinguaient les Flamands, ses glorieux ancêtres, et de leur goût particulier pour les beaux-arts ; elle s'est appliquée à recueillir pieusement leurs traditions, leurs méthodes, leurs procédés, jusqu'à leurs recettes. Nulle part le gouvernement et les municipalités ne se donnent plus de peine, ne s'imposent plus de dépenses pour propager l'enseignement du dessin. Si l'on tient compte de l'étendue de son territoire et du nombre de ses habitants, la Belgique est l'endroit du monde où il y a le plus d'artistes et d'académies ; aussi a-t-on pu dire que « la peinture y est devenue en quelque sorte une industrie nationale et que les tableaux flamands forment un article sérieux d'exportation. »

La Belgique occupe une excellente place dans l'exposition universelle des beaux-arts ; elle y fait très bonne figure non-seulement par la qualité des tableaux qu'elle a envoyés, mais par leur nombre et leur diversité. Elle a exposé des échantillons de son remarquable savoir-faire dans toutes les branches de la peinture. Le paysage est représenté dignement par un mort regrettable, M. Boulenger, dont la *Vue de Dînant* est une œuvre forte aussi bien construite que bien conçue, et par M. Clays et ses marines aux eaux troubles, lourdement clapoteuses, aux ciels brouillés, sur lesquels se détachent des voiles d'un brun fauve ; M. Clays ne sait qu'un air, mais il le sait si bien qu'on l'entend toujours avec plaisir. Parmi les animaliers belges, il faut signaler M. Verwée, qui a fait une étude aussi approfondie de la vache que M. Joseph Stevens du chien et du singe ; quant à M. Verboeckhoven, il s'est consacré tout entier à la gloire du mouton, animal peu commode à peindre, que Millet seul a vraiment connu ; empêtré dans sa laine, le mouton n'a pas de lignes et il faut pourtant lui en donner, sans compter qu'il est bête, mais qu'il ne s'en doute pas et qu'il convient de respecter son illusion. L'Orient, les lions, les buffles et les marchands de pastèques ont rencontré un interprète éloquent dans M. Verlat, dont le talent robuste cherche à s'inspirer des grands maîtres de l'école espagnole ; M. Verlat devrait leur laisser les saintes familles, les lions font mieux son affaire. On trouve encore dans la section belge d'excellents peintres de portraits, savants et consciencieux ; il suffit de nommer M. de Winne. On y trouve aussi de grandes pages d'histoire, bien composées et qui ne sont point insignifiantes. Il faut citer dans le nombre le *Canossa en l'an 1077* de M. Cluysenaar. On peut reprocher à ce peintre d'avoir une palette trop pauvre et trop de goût pour les tons neutres ; son tableau n'en est pas moins digne d'éloges. On y voit l'empereur Henri IV gravissant à genoux son calvaire, c'est-à-dire l'escalier au haut duquel l'attend le terrible Grégoire VII, accompagné de la dévote Mathilde de Toscane. En contemplant cette scène, on comprend fort bien que M. de Bismarck se soit écrié un jour : « Non, nous n'irons pas à Canossa. » Qui pourrait avoir envie d'y aller en de telles conditions et dans une telle posture ?

Personne ne l'emporte sur les peintres belges en science et en savoir-faire. Ils ont de qui tenir, ce sont des enfants de la balle, qui ont appris l'art par règles et par principes et qui savent les secrets de leur métier. Tout a sa rançon. On ne peut avoir trop d'acquis, mais l'acquis nuit quelquefois au sentiment personnel. Nos souvenirs doivent être nos amis, ils ne doivent pas être nos tyrans, et, s'il est bon d'être sûr de soi-même, il y a deux sortes de certitude : l'une est le fruit de l'expérience et d'une conviction puissamment raisonnée, l'autre est le résultat d'une leçon bien apprise, l'une fait les maîtres, l'autre est la marque des éternels écoliers. Le sentiment personnel fait défaut à un grand nombre de peintres belges ; leurs œuvres sont correctes, distinguées, pleines d'habileté et de talent, mais on regrette de n'y pas trouver ce je ne sais quoi qui saisit, s'impose et ne peut s'oublier. Ils aspirent trop souvent à entrer dans la peau des autres, et, si bien qu'on s'y installe, on n'y est jamais chez soi. L'ambition de tel portraitiste de Bruxelles est qu'on prenne ses portraits pour des portraits anciens ; tel paysagiste d'Anvers, M. Lamorinière par exemple, s'occupe plus de ressembler à Hobbema qu'à la nature. C'est surtout dans la peinture de genre que se fait sentir cette tendance à l'art rétrospectif. La Belgique contemporaine est un pays de forte vie publique, où les passions sont ardentes, où les luttes électorales sont fertiles en incidents sérieux ou plaisants. Les peintres belges n'auraient qu'à regarder autour d'eux pour découvrir des motifs dignes de tenter leur pinceau ; mais ils préfèrent regarder derrière eux, et c'est aux maîtres flamands ou hollandais du XVIIe siècle qu'ils vont demander leurs inspirations. Personne ne peut douter que M. Willems, qui possède des qualités

Victor Cherbuliez

d'exécution si remarquables, ne s'occupe beaucoup de Metsu, de Mieris, de Terburg, que M. Madou ne rêve souvent de Téniers ou de Van Ostade ; mais ces admirables peintres ont représenté les mœurs, les scènes, les costumes, les figures qu'ils avaient sous les yeux, les grandes dames et les bourgeoises, les cavaliers et les paysans, les tabagies, les corps de garde et les kermesses de leur temps. — « Quand je parlerais toutes les langues de la terre et même des anges, disait l'apôtre Paul, si je n'ai l'amour, je suis comme l'airain qui résonne ou comme la cymbale qui retentit. » Quand vous auriez la finesse de dessin et l'harmonie de clair-obscur de Metsu, l'extrême fini de Mieris, la touche légère et piquante de Téniers, et quand vous peindriez comme Terburg une robe de satin, il y aurait entre eux et vous cette différence considérable qu'ils ont passé leur vie à rendre ce qu'ils voyaient et que vous passez la vôtre à refaire ce qu'ils ont vu. Ils étaient naïfs, vous ne l'êtes pas. Ce qui manque le plus aux artistes belges dont nous parlons, c'est la naïveté, ils se souviennent trop. Pour se rendre digne de passer à la postérité, il faut commencer par être de son temps, et il n'y a d'œuvres immortelles que celles qui ont une date.

Les deux coryphées de la section belge sont sans contredit M. Wauters et M. Alfred Stevens. Outre son intéressant tableau de *la Folie de Van der Goes*, que nous avions admiré déjà au salon, M. Wauters a exposé deux toiles importantes dont le sujet est emprunté à la vie de Marie de Bourgogne. Dans l'une cette princesse implore des échevins de Gand la grâce de ses conseillers Hugonet et Humbercourt. Dans l'autre, elle jure de respecter les privilèges communaux de la ville de Bruxelles ; debout sur une estrade, elle pose la main sur l'Évangile que lui présente un évêque assisté de deux enfants de chœur. M. Wauters s'est donné beaucoup de peine pour costumer comme il convenait la plupart de ses personnages ; Marie seule aurait le droit de se plaindre de lui, sa robe n'est qu'à moitié faite, c'est du satin qui n'en est pas. Ce détail malheureux ne tire pas à conséquence ; M. Wauters est un artiste sérieux et sincère qui respecte son art, et ses peintures d'histoire lui font grand honneur. La composition en est bien ordonnée, les attitudes ont de la dignité, les figures ont du caractère, la touche est large, ferme, accentuée. Ces peintures seraient des chefs-d'œuvre, si M. Wauters avait plus de flamme, cette étincelle qui se communique et qui met le feu aux poudres.

Ce n'est pas à M. Stevens que manque l'étincelle, et ce n'est pas lui non plus qui se permettrait de ne faire une robe qu'à moitié. On connaît les audaces et les raffinements de cet ingénieux artiste, la délicatesse merveilleuse de ses demi-teintes, le charme de ses tons gris ou roses, et on sait qu'il est le premier homme du monde pour broder une dentelle, pour faire chatoyer le satin, pour peindre la soie, le velours et surtout les châles de cachemire. Les femmes qu'il affuble de ces robes et de ces châles incomparables sont quelquefois d'aimables mondaines dont la tête est parfaitement vide, charmantes poupées qui ne s'occupent que de chiffons ; mais le plus souvent ce sont des créatures interlopes, profondément versées dans l'art des dangereuses séductions. Le chef-d'œuvre de M. Stevens en ce genre est son *Sphinx parisien*. Nous le voyons de face, ce sphinx ; son visage est dans l'ombre, une lumière mystérieuse se joue dans ses cheveux d'un blond chaud. Un boa de martre est négligemment noué autour de son cou, sa robe blanche est semée de petits bouquets de roses et de bluets. Sa bouche entr'ouverte vous laisse apercevoir ses dents, qui mordillent un de ses doigts. Ses yeux bleus expriment une pensée vague, une espérance qui ressemble à un appétit. Il s'agit sans aucun doute de quelque fils de famille que cette terrible femme se promet de croquer, lui et ses millions, et sûrement elle y réussira, quoiqu'elle ne soit pas jolie ; mais c'est un beau monstre, et il faut se défier des monstres, sans compter que le modelé de ses épaules et de ses bras est admirable. Ce beau monstre est une merveille. Nous entendions une honnête femme se plaindre que M. Stevens employât son pinceau et son talent à la glorification des coquines. Pour la consoler, nous lui fîmes remarquer qu'il peint rarement des coquines heureuses ou triomphantes ; il aime au contraire à les représenter inquiètes, agitées, rêveuses, mordues au cœur par une émotion pénible, recevant un billet fatal qui ruine leurs espérances. Il nous en montre une qui est tout à fait désespérée, quoique sa robe blanche soit vraiment un prodige de l'art et que son cachemire soit le plus beau de tous les cachemires. M. Stevens a tenu à prouver aux honnêtes femmes que le sort des coquines, si bien habillées qu'elles soient, n'est pas toujours enviable, et c'est ainsi qu'il s'acquitte envers la morale. Cependant le jury international n'a pas osé lui décerner la

Victor Cherbuliez

médaille d'honneur qu'il mérite ; selon toute apparence, il craignait en le récompensant de paraître encourager les mauvaises mœurs.

Il ne faut pas chercher dans la section allemande un coloriste aussi raffiné que M. Stevens ; encore moins y faut-il chercher de séduisantes coquines et de beaux monstres. Par ordre supérieur, la porte a été fermée aux tableaux interlopes comme aux tableaux militaires ; nous n'y avons pas aperçu un seul escadron de uhlans, ni une seule femme qui se conduise mal, à moins que nous ne comptions parmi les femmes suspectes les deux sirènes que M. Bœcklin a groupées dans une étrange composition intitulée *Mecresidylle*, laquelle n'est pas propre à inspirer le goût des idylles marines. Les sirènes de M. Bœcklin ont une main verte et une main bleue ; cela suffit pour mettre la jeunesse à l'abri de leurs amorces. On ne trouve pas non plus dans la section de l'empire germanique de grandes toiles, des tableaux d'histoire tels que ceux de M. Wauters. Les artistes allemands semblent avoir renoncé aux vastes entreprises, ils ne peignent plus le jugement dernier comme M. Cornélius, ni la philosophie de l'histoire comme M. Kaulbach. L'exposition allemande, arrangée avec beaucoup de discernement et de goût, respire un esprit éminemment bourgeois ; on pourrait croire en la parcourant que l'Allemagne est le pays le plus tranquille, le plus pacifique, le plus modeste de l'Europe, où chacun, retiré chez soi, s'occupe de ses petites affaires particulières et surveille son pot-au-feu, sans se soucier de jouer le moindre rôle dans l'histoire du monde. Il n'y a rien dans cette grande salle qui puisse faire penser à M. de Bismarck, au traité de Berlin, aux élections du *Reichstag* ; mais on y trouvera quelques excellents portraits, de nombreux tableaux de genre, parmi lesquels il en est de remarquables, quelques paysages intéressants et un tableau de demi-caractère, qui est une œuvre très bien venue et vraiment réjouissante.

Le portrait de la princesse Elisabeth de Carolath-Beuthen, par M. Richter, a été fort admiré. M. Richter a traité comme il convenait son beau modèle. La princesse, en toilette de bal, les bras nus, a posé son coude sur le dossier de sa chaise ; elle appuie contre sa main droite sa tête fière et délicate, aussi fine que distinguée ; son autre main pend le long de son corps et joue avec un bracelet. Un superbe dogue, fort distingué lui aussi, est accroupi sur un pan de sa robe. Voilà une femme bien gardée ; mais elle se charge de se garder elle-même, il y a dans ses yeux comme dans sa bouche quelque chose de hautain et de dédaigneux qui tient ses admirateurs à distance. Quelqu'un disait : « Ce portrait est admirable, mais il vous reçoit mal. » Dans les tableaux de M. Stevens, la robe vaut souvent mieux que la femme ; ici la femme vaut mieux que sa robe, qui est d'un blanc crayeux ou couleur de sucre et manque de souplesse. Ce qui nous chagrine et nous inquiète, c'est que la princesse tourne le dos à un ardent-feu de coke, peu s'en faut que ses dentelles ne frôlent la cheminée ; il suffirait d'un mouvement malheureux et d'une étincelle pour causer un affreux accident. C'est aussi un remarquable portrait que celui du docteur Dœllinger par M. Lenbach. Il nous le montre de face, tenant un livre de ses deux mains croisées sur ses genoux. La tête est pleine de caractère, c'est bien une tête de docteur, de fouilleur, de chercheur et d'argumentateur. Le don de la ressemblance est un don spécial qu'en France, par exemple, Mlle Jacquemart possède au plus haut degré, comme elle l'a bien prouvé dans ses beaux portraits de M. Dufaure, de M. Duruy et du maréchal Canrobert. On n'aurait jamais vu le docteur Dœllinger qu'on devinerait que son portrait est ressemblant ; mais pourquoi M. Lenbach a-t-il trop de goût pour les tons glauques ? Pourquoi a-t-il donné à son modèle un teint si verdâtre ? On dirait que l'éminent théologien sort de l'eau, qu'il en a rapporté des algues et des varechs mêlés à ses cheveux. Pourquoi aussi lui avoir fait des mains de bois ? Nous avons vu les mains du docteur Dœllinger, nous les avons même touchées ; nous pouvons certifier qu'elles sont en chair.

M. Knaus tient depuis longtemps le sceptre de la peinture de genre en Allemagne, son règne n'est point encore fini. Il a la verve, l'esprit, la discrétion dans le trait, l'entente de la composition, l'observation pénétrante et fine, toutes les qualités et toutes les vertus de son état. Nous avons revu avec un nouveau plaisir son *Enterrement*, œuvre exquise dans laquelle on ne trouve à reprendre qu'une couleur brune un peu rance. A l'*Enterrement* nous préférons encore un tableau de date plus récente, qu'il a intitulé *un Élève plein d'avenir*. Nous sommes dans la boutique d'un marchand d'habits ; le vieux fripier, tenant d'une main sa longue pipe, gesticulant de l'autre, enseigne à un jeune gavroche, assis en face de lui, un bon tour de sa façon. Le gavroche lui répond par un sourire d'intelligence ; il a compris à demi-mot et il semble dire : Voila qui est bien joué. On peut s'en remettre à lui : livré à lui-même, il trouvera mieux encore ; cet élève ira plus loin que son maître.

D'autres peintres de genre : M. Hildebrandt, M. Hoff, M. Defregger, ont sans contredit beaucoup de talent ; mais l'enfant qui mange, l'enfant qui boit, l'enfant qui rit, l'enfant qui pleure, joue un rôle trop considérable dans leurs ouvrages, et leurs petites scènes d'intérieur sentent un peu le renfermé. La peinture de genre a pour mission de représenter des mœurs et non de conter des anecdotes ; la peinture anecdotique a remplacé chez nos voisins comme chez nous la peinture de mœurs. Passe encore quand l'anecdote est gaie ; mais l'anecdote larmoyante est la mort de l'art, surtout quand on a le fâcheux travers de souligner ses intentions et d'aimer trop le brun-marron. En revoyant tel tableau qui d'abord vous avait charmé, vous n'éprouvez plus que de la lassitude, et la lassitude produit l'agacement. Les grands maîtres de l'Allemagne du XVIe siècle se distinguaient par l'intimité et le contenu de la passion, par la puissance du caractère, jointe au sentiment le plus pittoresque du détail. Leurs descendants sacrifient le pittoresque au *Gemüth* ; il est bon d'avoir du *Gemüth*, mais il ne faut pas s'en faire une profession. Il est fâcheux également de n'avoir pas assez de netteté et de vigueur dans le parti pris. On a dit jadis que dans une réunion de douze Allemands il y avait toujours vingt-quatre partis, par la raison qu'il y a deux partis dans chaque Allemand. Cela n'est plus aussi vrai qu'autrefois en politique, mais c'est encore vrai en peinture. Tout est compromis par l'indécision dans le choix, par la mollesse de la volonté, et l'artiste qui court après deux lièvres à la fois risque de les manquer tous les deux.

Cependant la section allemande renferme quelques tableaux de genre qui sont de véritables peintures de mœurs et dont l'exécution est d'une netteté irréprochable. La facture est un peu sèche, trop succincte dans la *Banque populaire en faillite* de M. Bockelmann ; mais ce défaut est racheté par la justesse et la finesse des intentions. Les désastres financiers qui ont affligé nos voisins dans ces dernières années ont trouvé leur peintre dans l'habile artiste de Dusseldorf. Une troupe de petits bourgeois et d'artisans, hommes et femmes, sortent de la séance où on vient de leur apprendre qu'ils toucheront tout au plus le 2 pour 100 sur leurs actions ; ils ont le front bas, le regard mélancolique, une figure de décavés. A quelques pas de là, de gros bonnets de la finance, désintéressés dans la question, dissertent sur la catastrophe, dont ils expliquent savamment les causes et les effets ; la galerie paraît trouver leurs explications aussi claires que peu consolantes ; sur le devant, une hotte de balayures renversée a répandu à terre un tas d'immondices. Mon Dieu ! oui, il n'y avait que cela dans la hotte, et voilà ce que c'est que de croire à l'eldorado et aux promesses dorées des *Gründer*. Un autre tableau, aussi bien observé, mais fort supérieur par l'exécution, est la *Leçon de gymnastique* de M. Piltz. Une vingtaine d'écoliers rangés sur deux files écoutent la démonstration de leur professeur, qui leur explique comment il faut s'y prendre pour passer de la deuxième position à la troisième. Ils l'en croient sur parole, ils sont désireux de bien faire, dociles, empressés, et ils ouvrent des yeux aussi grands que des portes cochères ; ce sont d'admirables échantillons de la *deutsche Zucht*. Une nombreuse assistance, le pasteur de la paroisse, un vieil invalide, des bonnes, des petites filles contemplent avec le plus vif intérêt cette scène, qui se passe au pied d'une sablière surmontée de quelques arbres. Il y a de la clarté, de la fraîcheur dans ce tableau judicieusement composé ; mais ce qu'il faut admirer surtout, c'est la profonde conviction du professeur. Il a l'air d'un initiateur, d'un pontife. Il a une foi robuste, inébranlable, dans la beauté de sa science ; il sait que la gymnastique allemande a gagné les batailles de Sadova et de Sedan, et qu'elle est l'outil choisi par Dieu pour régénérer l'espèce humaine. Ce pédant à la tête osseuse semble porter le monde à bras tendus. Hegel méprisait les peintures où l'on ne voit que *lui* et *elle* ; il estimait que le devoir des peintres est de peindre des types. L'excellent tableau de M. Piltz porte bien la marque de l'Allemagne en l'an de grâce 1878.

Le point lumineux, le bijou, la joie de la section allemande est le tableau de M. Jozef Brandt, intitulé : *Cosaques de l'Ukraine au XVIIe siècle entrant en campagne.* M. Brandt est un Polonais qui a fait ses études à Munich ; mais son talent nous paraît être plus slave qu'allemand. Une troupe de cosaques, armés de longues lances, coiffés de bonnets fourrés et montés sur de petits chevaux galopants, se met en route pour aller batailler quelque part ; ils sont précédés de leurs musiciens, qui jouent de la mandoline

Victor Cherbuliez

et du tambourin. Cette musique et l'espérance du pillage les transportent d'allégresse, ils ont l'âme en fête. Les uns agitent leurs bonnets au bout de leurs lances, les autres les jettent en l'air ; leurs chevaux semblent participer à la joie générale ; ils tricotent des jambes, dansent sur place, cabriolent et caracolent. L'hetman, qui marche en tête, conserve seul sa gravité, il médite son plan de campagne La cavalcade se déroule jusqu'à l'horizon dans une vaste steppe, que recouvre un ciel gris et brumeux. Ce tableau est plein de mouvement, de vie et de belle humeur. Il est possible qu'en dessinant ses chevaux M. Brandt se soit inspiré de Fromentin ; mais ceux qui ont pris ses cosaques pour des musiciens arabes et qui lui ont reproché de voir l'Orient en gris n'y avaient pas regardé d'assez près.

Section V

L'Allemagne a laissé à l'Autriche le périlleux honneur d'exposer de la peinture d'histoire de dimension monumentale. Il y a en effet dans la section autrichienne deux grandes machines, qui s'imposent à l'attention de tous les visiteurs et font tort à d'autres œuvres intéressantes renfermées pour leur malheur dans la même salle. M. Matejko a voulu célébrer dans son grand tableau l'union conclue à Lublin en 1569 entre la Lithuanie et la Pologne. Dans son immense toile, qui a les proportions d'un événement, M. Makart, professeur à Vienne, a représenté l'entrée de Charles-Quint à Anvers. M. Matejko est un Polonais de Cracovie, depuis longtemps connu et estimé en France ; M. Makart est un Tyrolien, élève de Piloty, lequel n'a pas encore quarante ans, et son *Charles-Quint* a fait sensation en Allemagne, où il a été admiré autant que discuté ; être discuté, c'est le succès, on ne discute que les forts et les heureux, on abandonne les autres à leur triste destinée.

M. Matejko s'attaquait à un sujet difficile et médiocrement pittoresque. Sigismond II Auguste ayant renoncé à tous les droits des Jagellons sur la Lithuanie, ce pays fut réuni définitivement à la Pologne ; on établit entre les deux pays une *cœquatio jurium*, et les grands officiers lithuaniens furent admis à l'honneur de siéger dans le sénat polonais. Voilà un compromis politique qu'il était peut-être malaisé de raconter en peinture. M. Matejko était tenu de réchauffer son sujet, et il a fait ce qu'il a pu. M. Makart n'avait pas à réchauffer le sien, il avait plutôt à le sauver. Il a représenté Charles-Quint entrant à Anvers avec un cortège de belles femmes nues ou presque nues. M. Makart a dû s'interroger lui-même plus d'une fois avant de décider quelle figure il donnerait à ces femmes. Il ne pouvait nous montrer d'honnêtes femmes fort-étonnées et encore plus embarrassées de leur nudité ; c'eût été peu décent ; peindre les autres ne convient guère à la gravité d'un tableau d'histoire. L'artiste s'est tiré d'affaire en ne donnant à ces nymphes ni une expression de pudeur effarouchée, ni un air d'impudence éhontée ; elles n'ont point d'expression du tout, elles semblent faire la chose la plus naturelle du monde, une chose qu'elles ont faite toute leur vie. A le bien prendre, ce sont des figures allégoriques, détachées de quelque grande toile de Rubens, que M. Makart a eu soin d'amaigrir un peu dans la crainte qu'on ne les reconnût, et sur lesquelles il a passé une couche de jaune d'ambre, couleur qu'il paraît affectionner et qui n'est point désagréable. Cependant il n'a point sauvé l'invraisemblance de sa composition ; nous sommes accoutumés à voir les allégories marcher sur les nues, nous avons plus de peine à admettre qu'elles cheminent dans une rue bondée de monde, au milieu d'une foule indiscrète, qui se presse autour d'elles, qui les frôle et les coudoie.

Le principal défaut de la composition de M. Matejko est qu'elle manque d'ensemble et d'unité ; il a égrené ses groupes, chacun de ses personnages ne pense qu'à soi et ne s'occupe point des autres. L'un soulève un crucifix, que personne ne regarde ; un autre s'agenouille devant la Bible ; un prélat bénit l'assistance, qui ne paraît point s'en douter ; à droite, une femme debout semble prononcer un discours du trône, qu'on n'écoute pas. Il y a bien du hasard dans le rassemblement de ces figures, qui sont venues s'ajouter les unes aux autres pour boucher des trous. Dans le tableau de M. Makart, il y a beaucoup plus d'unité ; seigneurs, bourgeois et grandes dames, vieillards et enfants, tout le monde s'occupe de Charles-Quint et de son cortège ; mais les visages n'expriment aucun étonnement ni même aucune curiosité, et ne sachant que faire ni que dire, ces comparses gesticulent pour passer le temps. Ils sont bien groupés ; on devine qu'ils n'ont pas choisi leur place, un habile metteur

Victor Cherbuliez

en scène s'est mêlé de l'affaire. Cette toile énorme est moins une peinture d'histoire qu'un beau décor d'opéra, une fin de quatrième acte ; par malheur on a oublié les maillots. Si nous regardons au faire, nous reconnaîtrons que M. Matejko a la brosse plus ferme, plus vigoureuse ; sa couleur générale laisse à désirer, mais il sait peindre énergiquement le morceau. M. Makart a moins de vigueur ; en revanche il possède une facilité étonnante et dangereuse, il peint de pratique, il improvise ; c'est une surface brillante qui manque de dessous, et on pourrait en dire ce que disait un éminent critique d'une œuvre médiocre de Rubens : « La peinture est à fleur de toile, la vie n'est qu'à fleur de peau. » Dernièrement, un concours a été ouvert en Allemagne pour décerner un prix au meilleur feuilleton qui eût été écrit dans l'année. Si on n'a pas donné ce prix à M. Makart, on a commis la plus criante injustice. Le jury l'a réparée en lui accordant une médaille d'honneur, et, pour ne point faire de jaloux, il en a donné une autre à M. Matejko. Nous souscrivons de bon cœur à cette double décision ; M. Matejko et M. Makart sont deux artistes d'un incontestable talent.

On a dit que nous portions en nous-mêmes notre soleil et nos brouillards ; ce que nous voyons dans le monde, c'est le plus souvent ce que nous y mettons. Voilà une réflexion qui vient à l'esprit en parcourant la section du royaume de Hollande. Les artistes de ce noble petit pays, qui selon l'expression de Voltaire « a été le plus singulier et le plus beau monument de l'industrie humaine, » ressemblent bien peu aux Van Ostade, aux Van Steen, aux Cuyp, aux Potter, aux Wouwerman. Que leur main se soit alourdie, ce n'est pas surprenant, le don des miracles ne se transmet pas de siècle en siècle. Ce qui nous étonne, c'est qu'ils continuent comme leurs illustres ancêtres à peindre la contrée qu'ils ont sous les yeux et qu'ils la voient d'un œil bien différent. Cette contrée est restée la même ; au XVIIe siècle comme aujourd'hui, la Hollande était un pays plat et un peu monotone, un pays de pâturages et de canaux ; au XVIIe siècle comme aujourd'hui, elle avait de longs hivers et un ciel brumeux. Les mœurs elles-mêmes ont peu changé ; le Hollandais est toujours un peuple libre, commerçant, calculateur et riche, et Amsterdam est un des marchés monétaires où les gouvernements endettés négocient des emprunts. Mais les peintres hollandais d'autrefois avaient l'œil gai, ceux d'aujourd'hui ont l'œil triste. Comme l'a dit Hegel, « ce qui nous charmera toujours dans les maîtres illustres que produisirent jadis les Provinces-Unies, c'est leur manière de comprendre l'homme et la vie humaine, c'est leur joie naïve, leur liberté d'esprit, la fraîcheur et la gaîté de leur fantaisie, l'audace d'une exécution sûre d'elle-même, jointe à la magie du coloris. Le joyeux abandon de leur âme, ajoute-t-il, leur tenait lieu d'idéal, et ils nous montrent dans leurs tableaux ce dimanche de la vie, qui nivèle tout et embellit la laideur. » Les héritiers de leur art et de leurs traditions ne nous montrent plus qu'un ciel ténébreux, où la brume a tout envahi, et des paysans ou des bourgeois occupés à porter péniblement le poids de leur existence. A quoi faut-il attribuer cette mélancolique métamorphose ? En chercherons-nous la cause dans les ennuis, dans les tracas que leurs colonies procurent aux Hollandais ? Faut-il s'en prendre aux Achantis, à qui ils font la guerre la plus coûteuse, laquelle produit chaque année dans le budget un gros déficit ? Louis XIV était un ennemi un peu plus redoutable que les Achantis. L'invasion des troupes françaises en 1662 effraya tellement Van Ostade qu'il vendit tout ce qu'il possédait à Harlem et qu'il fut sur le point de se sauver à Lubeck ; il n'alla pas plus loin qu'Amsterdam et il y recouvra toute sa gaîté. La Hollande a changé d'humeur, son imagination s'est assombrie, sa palette a pris le deuil.

Les Pays-Bas possèdent aujourd'hui un peintre de genre et un paysagiste qui sont l'un et l'autre des artistes d'un rare mérite et qui se ressemblent par leur facture comme par la profonde mélancolie de leurs inspirations. Ce sont deux talents frères, amis de la brume et de la nuit. Soit que M. Israëls représente les pauvres d'un village attroupés autour d'un bateau de pêche et mendiant du poisson, soit qu'il nous fasse assister à un repas de savetiers ou qu'il nous montre une mère qui, sa poêle à la main, s'apprête à faire des crêpes pour célébrer un anniversaire, sa peinture est toujours sombre et toujours lourdement empâtée ; la lumière en est absente, la joie aussi ; en vérité, si M. Israëls a raison, nous devons croire qu'il n'y a dans ce monde ni soleil ni une seule occasion de rire. Les personnages qu'il met en scène ressemblent à des ombres échappées des limbes, où elles ne tarderont pas à s'engloutir de nouveau. Et cependant regardez-y de près, vous découvrirez que ces ombres sont bien dessinées, bien bâties, qu'elles ont du corps, et que si la main qui les a évoquées n'a pas hérité des grâces de l'antique Hollande, elle en a la solidité. Le tableau le plus remarquable que M. Israëls ait exposé au Champ de Mars est intitulé *Seule au monde*. Dans une grande chambre presque vide, une femme a veillé son mari qui vient de mourir ; c'est à peine si le jour va poindre, si une pâle et incertaine clarté nous permet d'apercevoir ce mort recouvert d'un linceul, cette femme qui pleure près d'une Bible entr'ouverte et posée à terre. Il y a dans cette scène presque invisible beaucoup de sentiment, de mystère et de puissance. Nous connaissons des tableaux fort agréables qu'il ne faut voir qu'une fois ; les toiles empâtées de M. Israëls gagnent à être revues.

Les marines de M. Mesdag sont aussi sombres, aussi lugubres que les tableaux de genre de M. Israëls. M. Mesdag ne voit dans l'Océan qu'une puissance hostile, brutale, monstrueuse, avec laquelle il faut se battre, et qui dévore impitoyablement les imprudents et les maladroits. Près de ces vagues écumeuses et grisâtres, sous ce ciel glacé qu'enveloppe la brume, l'homme est bien peu de chose, il fait une triste figure, et la foule accourue sur la grève pour assister au départ d'un bateau de sauvetage portant assistance à un bâtiment en péril ne forme qu'un paquet noir, où l'on cherche en vain un reflet lumineux. On ne voit pas les visages, on distingue pourtant les attitudes, qui sont vraies, parfaitement naturelles ; il n'y a là ni recherche, ni pose, ni petites manières, ni grimages, et ces vagues menaçantes ont été étudiées avec un soin consciencieux. Cette peinture sans agrément s'impose au respect ; mais que sont devenus les tons argentés, le blond et les gris délicieux de la Hollande d'autrefois ?

On remarquera dans la même salle d'autres œuvres dont l'exécution est par trop sommaire et d'une lourdeur extrême. Les artistes qui les ont faites ne sont pas des ignorants, ni des maladroits ; ce sont des endormis, on serait tenté de les secouer pour les réveiller. Aussi est-on fort surpris de découvrir au milieu de ces peintures somnolentes, torpides ou renfrognées, deux toiles qui ont tout le charme de la jeunesse et d'une audacieuse gaîté. Le peintre qui a mêlé cette note joyeuse à la gamme mélancolique et morose de l'exposition hollandaise n'a pas besoin qu'on le tire par sa manche pour le dégourdir ; il a les yeux bien ouverts, l'imagination vive, la main alerte et preste, et il croit au soleil. Il est vrai que M. Van Haanen n'habite pas la Hollande ; c'est à Venise qu'il a peint sa coquette *Meneghina* et ses *Ouvrières en perles*. Une douzaine de belles filles travaillent à leur joli métier, assises le long d'un mur et présidées par une vénérable matrone à la figure peu avenante, surveillant d'un œil impérieux les mains et les balances de la marchande qui lui vend sa provision de perles. Dans la partie de droite, deux de ces belles filles ont une prise de bec avec la plus jeune de leurs compagnes ; elles la plaisantent, lui demandent des nouvelles de son amoureux, qui l'a plantée là ; elles ont l'air gausseur et mauvais, le rire pointu. La victime baisse les yeux ; en apparence elle ne s'occupe que de son travail, mais la colère couve et s'amasse au fond de son cœur, une vive rougeur empourpre son beau visage ; au bout de ses doigts crispés on croit voir mûrir un soufflet, qui éclatera tout à l'heure comme un pétard ; la joue qui le recevra en portera longtemps la marque ; aussi les mauvaises pièces se sont un peu reculées, elles craignent un accident. Il faut louer dans ce tableau la grâce et la fermeté du dessin, le caractère expressif des têtes, la vérité naïve des attitudes et un charmant sentiment de couleur. On s'étonne de rencontrer dans la section hollandaise les *Ouvrières en perles* de M. Van Haanen, comme on s'étonnerait de cueillir une orange dans une sapinière.

En sortant de la section des Pays-Bas, on entre dans une salle qui n'est pas beaucoup plus gaie. La Suisse, comparée à la Hollande, a joué un rôle bien modeste dans l'histoire de l'art ; elle n'a pas de longues et glorieuses traditions, et il ne faut pas lui demander non plus d'avoir un caractère tranché. La Suisse est une nation composée de trois races, qui sont des rameaux détachés des trois grands pays limitrophes ; ces trois races ne se ressemblent que par un goût commun pour les institutions sous lesquelles elles vivent et par un goût non moins vif pour la contrée qu'elles habitent. Au point de vue de la peinture, la Suisse a l'inconvénient de n'être ni un pays du nord, ni un pays du midi ; la lumière y est sourde ou crue, et les beaux sites dont elle est fière pèchent trop souvent par un manque d'harmonie. Elle n'en a pas moins le droit de se glorifier de ses Alpes et des beautés incomparables de ses lacs. Si nous ne l'avons pas comptée parmi les nations sans passé dans les arts, c'est qu'elle a produit une école de paysage alpestre, laquelle a été fort remarquée et a recruté des disciples dans les pays étrangers.

Victor Cherbuliez

Il en est sorti des œuvres originales et distinguées ; mais on lui a reproché deux défauts, l'abus du bitume et l'abus du procédé, deux grandes causes de tristesse dans la peinture. Il est dangereux de voir le monde au travers d'une formule, surtout quand cette formule est un préjugé.

La Suisse ne s'est pas piquée d'honneur, elle n'était pas en veine de coquetterie, son exposition a trompé l'espérance de ceux qui en attendaient beaucoup. Quelques-uns de ses peintres se sont abstenus ; il faut compter dans le nombre le plus remarquable de tous, M. Yan Muyden, artiste d'un talent exquis, dont les scènes italiennes et les admirables capucins ont servi de documents et de modèles à bien des gens qui ne s'en vantent pas. Les peintres suisses qui ont exposé n'ont pas pris la fleur de leur panier pour l'envoyer à Paris. C'est pourtant un intéressant et vigoureux morceau que le *Troupeau sur la montagne* de M. Koller. Son taureau et ses vaches sont d'une vérité accomplie et du rendu le plus savant ; on n'a jamais mieux exprimé la majesté bovine. Malheureusement M. Koller a placé ces superbes bêtes dans un paysage opaque et noir, sous un ciel d'orage plus dur et plus sombre que terrible. Il aurait dû emprunter à M. Loppé un peu de la lumière que ce Suisse d'occasion et de passage a répandue dans une toile d'une grandeur presque effrayante, intitulée : *Traversée des crevasses au-dessus des Grands-Mulets.* M. Loppé est le peintre ordinaire et officiel du Mont-Blanc, dont il possède tous les secrets. Cette charge n'est pas commode à remplir ; pour l'exercer dignement, M. Loppé a gravi le colosse à toutes les heures du jour et de la nuit. Que de crevasses il a enjambées ! combien d'heures il a passées le pinceau à la main, les pieds dans la neige ! La peinture officielle est toujours froide, celle de M. Loppé ne l'est point, quoiqu'il ait affaire à des glaciers. Les peintres de neige qui en prennent à leur aise et se contentent de recouvrir leur toile d'un tapis blanc ou de la saupoudrer de sucre feront bien d'étudier les procédés de M. Loppé. Il leur apprendra ce qu'est la vraie neige, la neige qui a vécu, la neige travaillée par l'air et le soleil, tassée par le vent, bouleversée par l'orage, la neige sérieuse qui craque sous le pied. Ce qu'il faut admirer dans cette grande toile, c'est la savante préparation des dessous, c'est aussi la profondeur de la perspective, l'harmonie des fonds. Quelqu'un disait : — « Ce n'est pas un tableau, c'est un souvenir d'ascensionniste. » — Il est

certain que ce n'est pas un tableau d'atelier et que pour le faire il
fallait avoir non-seulement l'œil et la main d'un vrai peintre, mais
le jarret d'un montagnard. On traverse la Suisse pour aller en
Italie ; c'est la seule raison que nous puissions alléguer pour passer
sans transition de la section suisse aux salles italiennes. Certaines
gens se plaignent et s'indignent de n'y rencontrer aucune œuvre
qui rappelle Raphaël ou Léonard de Vinci. Ceux qui exhortent les
Italiens d'aujourd'hui à refaire la *Transfiguration* et la *Joconde* sont
aussi raisonnables que ceux qui engagent les dramaturges français
contemporains à refaire *le Cid* et *Britannicus*, autant vaudrait
demander à la Normandie de ne plus produire de pommes et de
se mettre à produire des olives. Chaque siècle, chaque époque a
pour ainsi dire son climat, et chaque climat n'est favorable qu'à
certains genres de culture. Rendez à l'Italie la civilisation, les idées,
les croyances, les mœurs du XVIe siècle, et peut-être aura-t-elle
de nouveau des Léonard et des Raphaël ; mais elle vous répondra
probablement qu'elle aime mieux avoir le régime parlementaire
et qu'il lui est plus agréable d'être gouvernée par des ministres
responsables que par César Borgia. Les peintres italiens ont bien
raison de ne pas chercher à imiter des modèles inimitables ; mais
on pourrait leur reprocher de ne pas assez exploiter l'admirable
pays où ils ont le bonheur de vivre, et d'employer leur talent à
traiter des sujets qu'ils empruntent aux pays étrangers. Si M.
Cavalié de Bergame a peint une scène de la campagne de Rome
où il a su mettre de l'étendue et de la solitude, et dans laquelle on
ne trouve à reprendre que la couleur qui tire trop sur le chocolat,
d'autres paysagistes ses compatriotes sont venus chercher leurs
sujets sur les bords de la Seine ; Bougival est charmant, mais il faut
le laisser aux Parisiens, qui savent seuls la manière de s'en servir. Si
M. Domenico Induno nous montre dans un tableau adroitement
agencé Victor-Emmanuel posant la première pierre de la galerie de
Milan, MM. Pagliano et Didioni ont puisé leurs inspirations dans
l'histoire de France, et ils ont représenté Napoléon annonçant ses
projets de divorce à Joséphine. Les accessoires sont traités dans
ces deux ouvrages avec une étonnante habileté de main ; mais
M. Pagliano a donné au vainqueur de Wagram un air confit en
suavité, et c'est la première fois que nous avons vu un Napoléon
suave. Le Napoléon de M. Didioni s'éloigne après s'être expliqué

Victor Cherbuliez

avec Joséphine, et il a l'encolure d'un domestique qui emporte un plateau.

Deux artistes italiens de beaucoup de talent, fort connus et goûtés à Paris, sont représentés l'un et l'autre au Champ de Mars par une douzaine de leurs meilleurs ouvrages. Bien que M. Pasini soit né à Busseto, c'est la Turquie, c'est l'Orient qui l'attire et le séduit ; on ne peut pas l'en blâmer, il est devenu l'un des meilleurs orientalistes de ce temps. Personne ne connaît et n'interprète mieux que lui l'architecture des mosquées, les turbés, les cours de conaks, les faubourgs de Constantinople, les faces de pachas, les feredgés et les yachmaks M. Pasini est un coloriste fort distingué ; mais il y a dans sa peinture beaucoup moins de lumière que de couleur, et quand il met en scène de nombreux personnages, le spectacle devient bien vite confus, cette foule fait paquet, et nous n'avons jamais vu de paquets en Orient. Il retrouve tous ses avantages lorsqu'il se contente de grouper discrètement quelques figures. Rien de plus charmant que sa *Chasse au faucon*, dans laquelle deux Arabes à cheval suivent du regard le vol de l'oiseau, si ce n'est sa *Promenade dans le jardin du harem*, où nous voyons la femme de quelque pacha traînant ses pas languissants dans un jardin bordé d'un mur merveilleusement maçonné, sur la crête duquel ramagent des colombes. Elle est escortée de ses esclaves dont l'une porte sa perruche, une autre son éventail, la troisième un étincelant tapis. Ce groupe forme un ragoût de couleurs intenses et harmonieuses tout à fait savoureux.

Si M. Pasini est un coloriste, M. de Nittis est un luministe. On reverra dans la section italienne sa *Route de Brindisi*, par laquelle s'est révélé tout d'abord son talent. Cette route poudreuse et blanche, surchauffée par le soleil, est un chef-d'œuvre et la toile la plus lumineuse peut-être qu'il y ait dans tout le Champ de Mars. Depuis longtemps M. de Nittis a délaissé l'Italie, il ne goûte plus que les ciels vaporeux de Paris et les brouillards de Londres. Non-seulement il a quitté le midi pour le nord, il méprise les grandes routes et leur poussière, il ne se plaît que dans la rue, où il étudie cet être changeant et toujours le même, cet être impersonnel qu'on appelle le passant, dont l'unique métier est de passer. M. de Nittis le croque au passage. Il a tout ce qu'il faut pour cela, un œil rapide qui voit tout, un talent original et fin, beaucoup d'esprit dans la touche, une merveilleuse dextérité, qui cependant n'improvise pas. A ses aptitudes naturelles, il joint les longues patiences ; sa peinture, qui semble facile, est le fruit d'une étude et d'un labeur presque acharnés. Il est arrivé à savoir Londres et Paris sur le bout du doigt. Quand il vous montre une femme, vous n'avez pas besoin de regarder à sa coiffure ou à son costume pour savoir si vous avez affaire à une Parisienne ou à une Anglaise ; vous le devinez rien qu'à la façon dont elle relève sa jupe et pose un pied devant l'autre. M. de Nittis a conservé de sa première manière le sentiment et le goût de l'harmonie ; son dessin n'est jamais sec, ses passants ont de l'enveloppe. Parmi les tableaux qu'il a exposés au Champ de Mars, il en est quelques-uns d'un peu bizarres, où l'on voit au premier plan des personnages coupés à mi-corps par le cadre, qui ressemblent trop à des photographies et qui en même temps font penser à certains effets des éventails japonais, car le Japon préoccupe M. de Nittis comme bien d'autres. Nous préférons à ces tentatives hasardeuses sa *Place des Pyramides*, si harmonieuse et si vivante, et son admirable *Pont de Westminster*, où quelques robustes ouvriers, accoudés sur le parapet, s'appliquent à chercher un peu de lumière, d'oxygène et de ciel dans une atmosphère chargée de suie et de fumée. La grande ville qui est à la fois la plus grande fabrique du monde et la capitale du commerce de l'univers a dû se reconnaître dans cette œuvre, où la finesse s'unit à la puissance. Que M. de Nittis peigne Londres ou Paris, rien de mieux, mais cet émigré a-t-il rompu définitivement avec son pays natal ? On nous assure qu'il parle avec dédain de sa *Route de Brindisi*, qui pourtant se soutient victorieusement au milieu de ses autres tableaux. On n'est pas tenu d'être à jamais fidèle à ses premières amours ; mais il ne sied pas de les mépriser, ni surtout de les oublier. Il faut vivre à Paris et à Londres, quand on y trouve l'inspiration et la fortune ; mais il est bon de retourner quelquefois à Brindisi.

Section VI

Rien ne se ressemble moins que la peinture anglaise et la peinture espagnole, et ce sont les deux sections étrangères qui, par des raisons bien différentes, ont le plus attiré et captivé la foule. Les Anglais ambitionnaient ce succès, ils n'ont rien négligé pour l'obtenir, c'était pour eux une affaire d'honneur national. Ils ont fait donner toutes leurs troupes, ils ont même pris à leur solde des troupes recrutées sur le continent, ils ont porté sur le rôle de leur armée active des capitaines ou des colonels qui ne sont point à eux. Quoi qu'on dise et quoi qu'il fasse, M. Alma-Tadéma ne passera jamais pour un Anglais. Cet habile antiquaire, qui sait dessiner et peindre, est un Hollandais qui avait appris son métier avant de s'établir à Londres.

Dans le discours que lord Beaconsfield prononça le printemps dernier au banquet de la *Royal Academy*, il engageait les artistes de la Grande-Bretagne à ne plus se contenter de briller dans les genres secondaires, mais à porter plus loin leur ambition en s'essayant dans la peinture de style et d'histoire, dans ce qu'il appelait « les hautes sphères de la composition imaginative. » — « Cela se fera, s'écriait-il avec une fierté de conquérant ; une école nationale d'art doit à la longue représenter le caractère du peuple auquel elle appartient, et assurément s'il est dans le monde un peuple imaginatif ; c'est le peuple anglais, car c'est celui qui a produit le plus grand nombre de poètes illustres. » Il avait dit auparavant que l'idéal et le sentiment sont les sources du grand art, et il avait ajouté : « Bien que la civilisation tende à détruire le sentiment, une grande nation comme l'Angleterre, une nation chargée de grandes responsabilités, ne peut renoncer à avoir de grands sentiments et à se nourrir d'idées aussi élevées que la situation qu'elle occupe dans ce monde. C'est à ses artistes d'exprimer par des œuvres animées d'un souffle héroïque les aspirations latentes, mais vivaces, de la communauté. »

Il est certain que les œuvres de style sont rares dans la section anglaise du Champ de Mars. Celles qu'on y trouve, *l'Amour et la Mort*, de M. Watts, *le Merlin et la Viviane*, de M. Burne Jones, d'autres encore, qui sont fort admirées des Anglais, étonnent le goût continental plus qu'elles ne le satisfont. Il se peut que l'appel de lord Beaconsfield soit entendu ; nous doutons cependant que la révolution qu'il souhaite s'accomplisse aussi vite et aussi facilement qu'il paraît l'espérer. C'est quelque chose sans doute que les grandes responsabilités, mais ce n'est pas assez pour produire de grands peintres. Il faut en plus le concours d'un ciel propice et d'un climat heureux, certaines dispositions natives, l'habitude

46

de transformer sa pensée en image, le besoin de la regarder, de la voir, de la traduire par des lignes, par des accords de tons et de couleurs ; il faut aussi un certain génie national, une société qui n'envisage pas la perfection du confort comme la première condition du bonheur et la richesse comme la plus évidente des supériorités, une société qui respecte les droits et les fantaisies du talent, et qui l'autorise à mépriser les conventions, quelquefois même les convenances. L'Angleterre possède la liberté politique plus que tout autre peuple ; elle ne jouit pas au même degré de la liberté de l'esprit et des mœurs. Nulle part les jugements du monde ne sont plus redoutés, nulle part l'observation de certains usages, la soumission aux caprices de la mode, ne servent davantage à distinguer le *gentleman* de l'homme qui ne l'est pas ; nulle part le code des bienséances sociales n'est plus compliqué ni plus minutieux. Tout Anglais qui aspire au respect est tenu de s'y conformer scrupuleusement, et il en résulte que toutes les vies se ressemblent comme toutes les maisons. On prétend qu'un jour un honorable gentleman de Londres, qui pourtant n'était pas distrait, croyant rentrer chez lui, entra par mégarde chez son voisin. Il traversa une antichambre toute pareille à la sienne, il pénétra dans une salle à manger meublée de tout point comme la sienne, il y trouva une table où le couvert était mis, et il crut revoir sa table et son couvert. Heureusement le domestique de son voisin était roux, et il reconnut en le voyant paraître qu'il s'était trompé de porte. Apocryphe ou non, cette histoire est typique. Il est difficile que les peintres aient du style dans un pays où l'on peut entrer chez les autres et se croire chez soi.

Pour être un grand artiste, il faut ne relever que de soi-même, imposer au public ses décisions et ses choix, le convaincre de gré ou de force, et briser son épée plutôt que de la rendre. Nous lisions dernièrement dans une intéressante brochure que Donatello avait quarante ans environ quand la maîtrise de Florence lui commanda un David. Il existait alors dans cette adorable ville un certain Barduccio Chierichoni, dont la calvitie excitait les lazzis du peuple, qui l'avait baptisé du sobriquet de *Zuccone*. « L'artiste est frappé du parti qu'il peut tirer de ce modèle, dont la figure et l'ensemble correspondent aux proportions de la statue qu'il a conçue. Inspiré de cette foi intime qui caractérise le vrai génie, il n'hésite pas, ce

Victor Cherbuliez

modèle sera le sien. Il le *voit* ; que lui importe la foule ? Il sent bien qu'il la ramènera à lui ou qu'il saura s'imposer à elle.[1] » Il la ramena en effet, le David fut acclamé par Florence, et de ce jour, Donatello, fier de sa victoire, ne jura plus que par la foi qu'il avait eue dans *son chauve*, « *alla fè che porto al mio Zuccone.* » Il est, croyons-nous, peu d'artistes anglais capables d'une telle audace de décision et d'un tel héroïsme, et nous doutons que le public anglais acceptât un David qui ressemblerait à Zuccone, à moins toutefois que Zuccone n'eût hérité dans l'intervalle d'un revenu de vingt mille livres sterling.

La peinture qu'on peut étudier dans la section de la Grande-Bretagne a des mérites incontestables ; ce qui lui manque, c'est un certain accent de conviction personnelle. On ne peut imputer ce défaut aux inconvénients d'un enseignement académique, qui façonne tous les talents sur le même patron. En Angleterre, le gouvernement s'occupe fort peu des artistes pour les former ou les déformer. Tout se passe entre l'artiste et le public, qui veut avoir des peintres, qui les protège, qui les paie grassement, car l'Anglais a pour principe de bien payer ceux qui le servent bien ; mais la tyrannie d'un public très attaché à ses opinions et à ses préjugés est souvent plus pesante que celle d'un gouvernement. Dans les pays où l'église est séparée de l'état, la libéralité des paroisses assure aux ecclésiastiques un sort digne d'envie ; mais s'ils s'avisaient d'introduire dans le dogme ou dans la liturgie quelque innovation qui déplût à leurs ouailles, on leur ferait bien vite sentir qu'ils sont tenus d'avoir les opinions de ceux qui les paient. La plupart des peintres anglais sont à l'affût des préférences, des goûts changeants du public ; ils s'y conforment, même quand ces goûts leur déplaisent ; ils font ce qui plaît à ceux qui leur font des commandes, mauvaise condition pour enfanter des chefs-d'œuvre. Il s'ensuit que leur peinture a peu de caractère propre, et que les personnages qu'on voit dans leurs tableaux n'en ont pas davantage. Mettez de côté un certain nombre de figures pleines d'expression et de physionomie, le buste très personnel et très accentué de lady Augusta Stanley, par Mlle Grant, un charmant trio de jeunes filles par M. Sant, le *Matin de la bataille de Waterloo* par M. Crofts, qui nous paraît avoir fait ses études en France, et vous trouverez

---

1 *Aperçus sur Donatello et la sculpture dite réaliste*, par Gabriel Prévost, Paris, 1878.

48

dans la section anglaise des murailles entières où toutes les têtes se ressemblent, où tous les visages ont un air de famille. Prenez une de ces têtes, placez-la sur les épaules du voisin, elle s'y trouvera fort bien et fort à l'aise, cette substitution passera inaperçue, et le voisin ni personne ne songera à s'en plaindre

Lord Beaconsfield se consolait de ce que l'Angleterre n'avait pas encore de grands peintres d'histoire, en pensant qu'elle avait des portraitistes de premier ordre, des paysagistes comparables à Claude Lorrain et à Ruysdaël, et des peintres de genre qui se distinguent par le sens de l'*humour* et par un sentiment exquis de la nature. Il y a en effet dans la section anglaise des portraits fort remarquables, d'intéressants paysages, parmi lesquels il faut signaler en premier lieu ceux de M. Fisher, et un nombre considérable de tableaux de genre, où règnent ce sens de l'*humour*, ce parfait naturel dans le sentiment et dans l'expression, cette verve comique et cette grâce enjouée dont parlait lord Beaconsfield. C'est surtout par le choix piquant des sujets et par une prodigalité de détails amusants et spirituels que l'exposition anglaise a enchanté le public. Quelques-unes de ces peintures, celles de M. Leslie et de M. Boughton, par exemple, pourraient servir d'illustration à quelques jolies scènes des romans anglais du dernier siècle ; d'autres, telles que les grandes toiles de M. Frith, son *Derby day*, sa *Gare de chemin de fer*, son *Salon d'or*, rappellent certains chapitres de Dickens ou de Thackeray ; mais ces regrettables romanciers, le dernier surtout, étaient de grands écrivains, MM. Leslie et Boughton ne sont pas des peintres. Leurs tableaux, d'une couleur mince, sans éclat, sans reflets, sans dessous, font l'effet de lithographies coloriées. Il en est aussi qui ressemblent à des aquarelles ; mais il faut s'empresser d'ajouter que les Anglais sont les premiers aquarellistes du monde, et nous ne comprenons pas pourquoi M. Walker a cru devoir recourir à l'huile pour peindre sa *Vieille grille*, qui pourrait très bien figurer parmi ses plus admirables peintures à l'eau.

Il y a cependant un artiste anglais, M. Millais, qui a vraiment le tempérament d'un peintre, une façon à lui de voir les choses et de les interpréter, beaucoup de caractère et de résolution. Il met sa marque à tous ses ouvrages, qu'on peut goûter plus ou moins, mais dans lesquels on sent la présence d'un homme qui se donne tout entier à ce qu'il fait. M. Millais s'est essayé dans tous les genres ;

Victor Cherbuliez

c'est surtout dans le portrait et dans le paysage qu'il excelle. Nous admirons médiocrement son *Garde royal*, qui ressemble un peu trop à un singe empaillé ; mais c'est un portrait vraiment magistral que celui du duc de Westminster. M. Millais a le grand mérite de composer ses portraits et de mettre son personnage en action. Il a représenté le duc en pied, dans son costume de *fox-hunter*, vêtu d'une casaque rouge, chaussé de grandes bottes jaunes, une casquette sur la tête, son fouet à la main. Il y a dans cette peinture une fermeté, une vigueur d'accent, une recherche du caractère, qui en font une œuvre hors ligne. M. Millais a fait aussi le portrait de trois sœurs jouant au whist, dont les robes grises ornées de nœuds roses se détachent sur un paravent chinois, près duquel s'étale un riche bouquet d'azalées. De ces trois sœurs, il n'en est qu'une qui s'occupe sérieusement du jeu, les deux autres ont l'air de chercher mélancoliquement du regard quelque chose ou plutôt quelqu'un ; on assure qu'elles l'ont trouvé. Les deux paysages de M. Millais, ses *Montagnes d'Ecosse* et le *Froid octobre*, sont aussi remarquables que ses portraits. L'eau, le ciel, les gazons, sont rendus avec une véritable puissance ; il y a dans les herbes et les roseaux du premier plan une précision de détails presque excessive. Cette nature est bien triste, et il était difficile d'en tirer parti ; mais l'artiste l'a vaincue par l'énergie de son insistance, et il y a toujours de la joie dans les victoires de la volonté. M. Millais a l'œil d'une grande justesse, une main obéissante et vigoureuse, capable de reproduire sur la toile tout ce qu'il voit. S'il était né coloriste, ce serait un peintre complet.

Il est un autre peintre encore dont les ouvrages ont vivement frappé le public et sont pour beaucoup dans le succès de l'exposition anglaise. Ce peintre n'est pas un Anglais, c'est un Allemand établi en Angleterre. M. Herkomer a exposé sa *Dernière revue, the Last Muster*. Il s'agit d'un paisible office du dimanche, célébré dans la chapelle de l'hôpital militaire de Chelsea. Tous ces vétérans, tous ces invalides, vêtus de leur uniforme rouge, écoutent paisiblement un prédicateur qu'on ne voit pas. Ils sont assis en file sur des bancs de bois. Quelques-uns sont encore verts et portent beau, d'autres sont ratatinés et voûtés. Celui-ci appuie son front sur sa main, celui-là suit la liturgie dans un livre de prières. Il en est un qui assiste vraiment à sa dernière revue ; il est fort décrépit, cette feuille flétrie ne tient presque plus à la branche, le premier souffle l'en arrachera. M. Herkomer a réuni dans son tableau une cinquantaine de têtes, qui ont toutes un caractère tranché et dont la vigueur est peu commune, dont le modelé est irréprochable. Les expressions sont calmes et recueillies, toutes ces têtes sont au repos, et chacune d'elles raconte une histoire, elles semblent dire : « Voilà ce qui nous est arrivé, et nonobstant nous avons vécu. » Dans le fond, sur un banc transversal, sont rangés les parents et les amis en visite ; au-dessus de l'assemblée flottent des drapeaux suspendus à la muraille. La couleur générale est moelleuse et chaude ; c'est le seul endroit de la section de la Grande-Bretagne où l'on ait chaud. Le *Last Muster* n'est pas seulement l'œuvre la plus originale de l'exposition anglaise ; parmi tous les tableaux rassemblés au Champ de Mars, il en est peu où un grand effet soit obtenu par des moyens si simples, où l'intimité du sentiment soit unie à plus de force dans l'exécution, à plus de certitude, à plus d'autorité. Le tableau de M. Herkomer paraît comme dépaysé dans les salles britanniques, il ne le serait pas moins dans la section allemande. Faut-il en conclure que c'est un bonheur pour un peintre anglais d'être né en Allemagne, et qu'il est fort utile à un peintre allemand d'émigrer en Angleterre ? Le talent de M. Herkomer est le résultat d'une greffe heureuse ; cet artiste, qui a deux patries, sent couler dans ses veines deux sèves bien différentes, qui se corrigent l'une l'autre. Comme l'arbre de Virgile, il admire ses rameaux transformés et ses fruits où il ne se reconnaît pas, *novas frondes et non sua poma*.

Si l'on entend tout simplement par un peintre un homme qui sait peindre, c'est dans la section espagnole qu'on en trouvera le plus. Si la peinture est autre chose que de la littérature à l'huile ou à l'eau, si elle est destinée avant tout à réjouir, à régaler nos yeux, à leur procurer des fêtes, c'est en Espagne qu'il faut l'aller chercher plus qu'ailleurs. Les Espagnols ont reçu du ciel le don de l'éternelle jeunesse, que ni les siècles ni les révolutions ne peuvent leur ôter, et malgré le mal que leur ont fait leurs gouvernants, y compris leurs inquisiteurs, ils ont conservé cette belle gaîté qui est une vertu, car elle leur apprend, comme nous le disait une aimable Madrilène, à supporter tout ce qui n'est pas absolument insupportable. La guerre civile désole les provinces du nord, Madrid s'amuse ; la république fédérale pille et rançonne les provinces du midi, Madrid s'amuse ; Cuba se révolte, Madrid s'amuse encore. L'art de jouir de soi et de la vie est un art péninsulaire, et la péninsule met un peu de sa joie dans sa peinture. Il est vrai que la joie ne suffit pas : l'*improbus labor* est nécessaire à l'artiste ; mais l'Espagne, qui enfante tant de paresseux, enfante aussi quelques-uns des travailleurs les plus infatigables de la terre ; l'Espagne, qui produit trop de fous, produit aussi des hommes d'un prodigieux bon sens. Elle se pique de prouver que rien ne lui est impossible. N'a-t-elle pas aujourd'hui un premier ministre qui est l'étonnement de toute l'Europe ? Il a réussi à faire durer plus de trois ans un ministère espagnol, et ces trois années lui ont suffi pour refaire un pays qui semblait s'en aller en morceaux.

Tous les genres de peinture sont représentés dans la section espagnole par quelque œuvre importante, et les moins remarquables de ces œuvres ont encore quelque mérite et quelque agrément. C'est un peintre que M. Pradilla, auteur d'un grand tableau où il nous montre Jeanne la Folle contemplant d'un œil égaré le cercueil de son cher et infidèle Philippe le Beau. La scène se passe en plein air, en rase campagne ; à droite de la reine, près d'un brasier, est un groupe de femmes assises à terre, qui, fatiguées par une longue marche, s'endorment à moitié. A gauche, un moine récite des prières ; plus loin stationne le cortège qui a suivi le convoi. On peut reprendre beaucoup de choses dans ce tableau, on peut même en critiquer l'idée maîtresse ; mais l'homme qui a peint ces femmes, ce cercueil, ce brasier allumé et la fumée qui s'en échappe, ces cierges dont le vent fait ondoyer la flamme, avait sûrement de la vocation pour son métier et il s'est donné la peine de l'apprendre. C'est un peintre que M. Gonzalvo y Perez, et il y a dans ses intérieurs d'église des qualités d'exécution qu'il doit au pays où il est né autant qu'à son travail. C'est encore un peintre que M. Raimundo de Madrazo ; si on peut discuter ses portraits, qui niera qu'ils n'aient beaucoup de charme, de verve, de *brio* et des audaces de couleur fort amusantes ? Mais le peintre des peintres est là tout près ; une trentaine de ses toiles, choisies parmi les meilleures, occupent tout un pan de muraille, et elles sont toujours entourées, toujours fêtées. Étrange artiste, qui tour à tour et même tout à la fois nous séduit, nous ensorcelle, nous ravit et nous chagrine, nous impatiente, nous inquiète par l'irritante énigme qu'il nous donne à résoudre. Des doigts de fée qui se jouent de toutes les difficultés, une adresse presque effrayante, un talent égal pour interpréter le corps humain, le paysage et l'architecture, un dessin d'une finesse inouïe et l'art de faire chanter la couleur, des prodiges d'observation mêlés à d'inexplicables fantaisies, un fini incomparable dans les parties qu'il veut faire valoir, et tout à côté des négligences volontaires, un parti pris de lâché et de laisser-aller, des fonds merveilleux, vraiment magiques, et des premiers plans hâtivement frottés, souvent vides ou informes, voilà ce qu'on retrouve dans la plupart des œuvres de Fortuny. La légèreté de sa main n'a jamais été surpassée ; le cœur battait vite et battait fort, ce cœur s'est consumé, s'est dévoré. Qui eut jamais des sensations plus vives, une telle intensité dans le sentiment de la nature ? Regardez cet *Etang à Grenade*, à la surface duquel nagent quelques feuilles de nénufar. Après les avoir examinées, il vous semblera qu'Hobbema, Ruysdaël et les plus grands paysagistes hollandais étaient des arrangeurs et qu'ils faisaient des feuilles de convention. A cette vivacité, à cette violence de la sensation, Fortuny joignait ce qu'on pourrait appeler le sens musical de la couleur, il composait des symphonies avec du gris, du rose, du vert et du bleu, et sa musique était pour lui l'essentiel, le reste ne venait qu'après. On pourrait dire qu'il pratiquait l'esprit de sacrifice à rebours, d'autres subordonnent tout à leur sujet, lui sacrifiait son sujet à la tâche, car la tâche était son Dieu. Il possédait tous les dons, toutes les divinations, toutes les habiletés, tout sauf le génie du simple et du grand. Watteau, qui savait lui aussi ce que valait une tache, n'a jamais sacrifié son sujet à sa couleur ; aussi a-t-il prouvé qu'il était possible de faire grand sans représenter autre chose que des pierrots, des arlequins, des fêtes galantes, des bergers de féerie, et a-t-il mérité de prendre une place au premier rang des maîtres. Tout se tient dans Watteau, et en regardant ses toiles, il ne vient jamais à l'esprit de personne qu'on puisse y ajouter ou en retrancher quelque chose. Vous pourriez couper en quatre les toiles de Fortuny, et les morceaux en seraient bons. Qui ne s'estimerait heureux de posséder une moitié du *Jardin des Arcadiens*, ou seulement la moitié de cette moitié, la plate-bande de droite, éblouissante comme une pierrerie, et cette grille par laquelle on entrevoit la mer ? Qui ne serait charmé, si on lui permettait de découper dans le *Choix du modèle* un pan de mur, un lambris incrusté de lapis-lazuli, une colonne de jaspe veinée de

Victor Cherbuliez

rose ? Fortuny était un esprit fragmentaire, qui ne trouvait l'unité d'un tableau que dans l'harmonie des taches ; mais quelles taches ! quels fragments ! quelle musique !

Cet artiste si bien doué ne pouvait manquer d'exercer une grande influence sur les peintres de son pays ; plus d'un s'est écrié comme Regnault : Fortuny m'empêche de dormir. On a dit qu'il ne fallait pas être darwiniste, mais qu'il y avait beaucoup à prendre dans Darwin. On pourrait dire aussi qu'il faut beaucoup étudier Fortuny, sans devenir pour cela fortuniste. C'est ce qu'a fait M. Martin Rico, de Madrid, dont les délicieuses petites toiles ont obtenu un succès de vogue bien mérité. C'est une fête de les regarder, c'est une justice de reconnaître que l'artiste qui les a peintes n'est inférieur à personne pour la sûreté de la main et la vivacité lumineuse du coup d'œil. M. Rico prend ses sujets où il les trouve ; en Espagne, en Italie, en France. Voici une cour de Grenade qui est une merveille avec ses arcades dentelées, ses murs revêtus de faïences, sa pièce d'eau, sa galerie sous laquelle sont assises deux femmes qui cousent. Voici une façade de maison à Tolède, éclairée par le plein soleil et qui est toute blanche ; d'une fenêtre grillagée s'échappe comme une fusée de verdure et de fleurs. Voilà les environs de l'Escurial, graves, sévères, avec un groupe d'arbres se détachant sur un beau ciel tacheté de nuages roux. Voilà une tour bâtie sur la crête d'un ravin et dominant un gouffre de verdure, qu'on ne voit pas, mais qu'on devine. Voici encore des canaux de Venise, que nous aimons moins ; M. Rico ne peint pas la mer et les lagunes aussi bien que le ciel et la terre, et il nous semble que dans ses marines les valeurs ne sont pas toujours observées ; mais en revanche sa rue de Rome et son marché de l'avenue Joséphine sont deux tours de force. Il introduit dans tous ses paysages de petites figures, grandes comme l'ongle ; ce sont des hommes, des femmes, des enfants, surtout des ânes, le plus souvent harnachés de rouge. Ces petites figures ont toutes de la vie, du mouvement, une attitude, une physionomie ; vous les voyez à peine, et vous devinez ce qu'elles font et à quoi rêvent ces ânes. M. Rico sait placer l'accent où il faut et tout résumer sans rien oublier. Dans ces croquis enlevée, qui ont le fini d'une peinture achevée, il y a le charme, le diable au corps et une merveilleuse coquinerie de jeunesse.

M. Rico peint beaucoup d'après nature, et ce qui nous intéresse aujourd'hui plus que tout, c'est là nature. Les œuvres qui nous enchantent sont celles dont nous pouvons dire : Comme c'est vrai ! comme c'est pris sur le fait ! comme c'est bien cela ! Il y a au Champ de Mars nombre de toiles qui ne sont que des études bien venues et qui ont enlevé tous les suffrages ; telle œuvre savamment composée, sérieusement travaillée, n'a obtenu qu'un succès d'estime, parce qu'on y trouvait plus de convention que n'en peut supporter l'homme de la seconde moitié du XIXe siècle. Dans ses *Maîtres d'autrefois*, Fromentin se plaignait que le paysage a tout envahi et qu'il a bouleversé toutes les formules de l'art, que les hommes de ce temps ne jugent jamais la peinture assez claire, assez nette, assez formelle, assez crue. Il ajoutait que Théodore Rousseau a créé ce qu'on peut appeler l'école des sensations, laquelle a produit des œuvres très remarquables, mais que cependant il serait bon de revenir de la nature à l'art et de se rappeler que les plus belles études du monde ne valent pas un bon tableau. Nous ne pouvons qu'applaudir à cette conclusion de l'éminent artiste ; mais ces bons tableaux, qu'on nous fera peut-être, ne nous plairont qu'à demi si nous n'y trouvons cette intensité d'impression que n'avaient pas les paysagistes hollandais, et que nous goûtons dans les nôtres à tort ou à raison. Est-il possible de peindre une feuille d'arbre comme le faisait Fortuny et de s'attacher pourtant à peindre la forêt ? Est-il possible de faire des tableaux qui soient de vrais tableaux et qui aient toute la franchise et toute la fraîcheur d'une étude ? Est-il possible d'avoir des sensations presque aiguës et de les subordonner à son sentiment et à son idée ? Un peintre peut-il être à la fois un impressionniste passionné et un grand artiste ? Nous aimons à croire que ce problème n'est pas insoluble ; mais en attendant qu'il soit résolu, nous continuerons à préférer telle étude à tel tableau où la convention domine, la musique de Rousseau, de Corot ou de Fortuny fera vibrer en nous certaines cordes secrètes que ne remue ni Hobbema, ni Ruysdaël lui-même, et si l'on prouve à l'homme du XIXe siècle qu'il a tort, il répondra qu'il ne sait qu'y faire, qu'en préférant ceci à cela il obéit à une impulsion irrésistible de son esprit, et il dira avec Montaigne : « Nos sens mêmes en sont juges ; ferons-nous accroire à notre peau que les coups d'étrivières la chatouillent, et à notre goût que l'aloès est du vin de Graves ? »

ISBN : 978-1545582619

Victor Cherbuliez

www.ingramcontent.com/pod-product-compliance
Lightning Source LLC
Chambersburg PA
CBHW061223180526
45170CB00003B/1131